2017年度湖南省社科基金教育学专项课题
“新时期湖南民办高等教育可持续发展研究”（项目编号：XSJ17B17）最终研究成果
长沙医学院“十三五”重点建设学科资助项目

新时代湖南民办高等教育可持续发展研究

XINSHIDAI HUNAN
MINBAN GAODENG JIAOYU KECHIXU
FAZHAN YANJIU

宁琼 王斌◎著

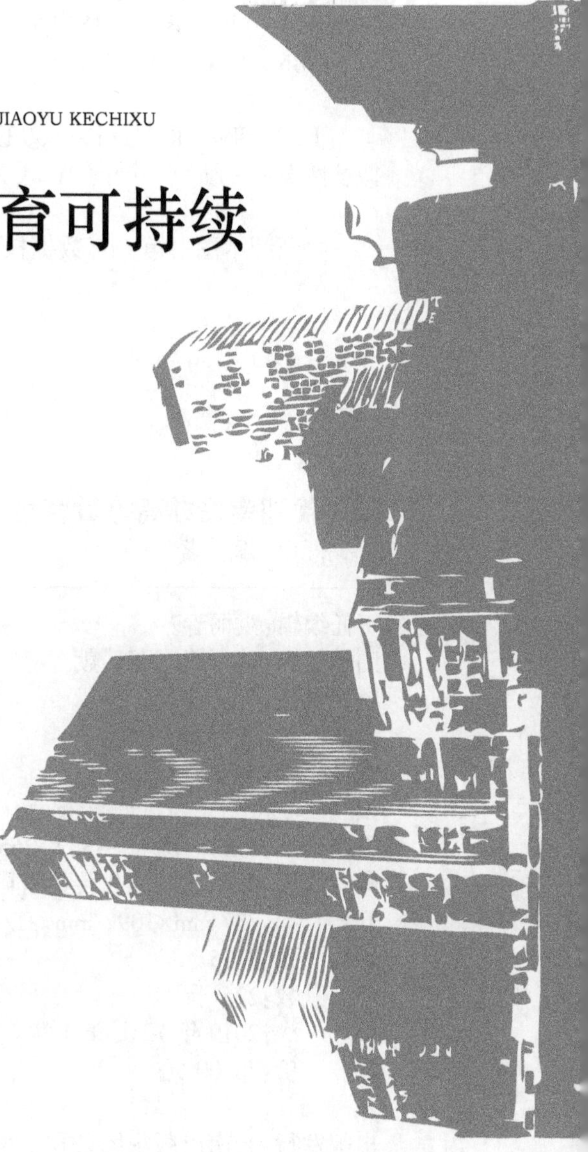

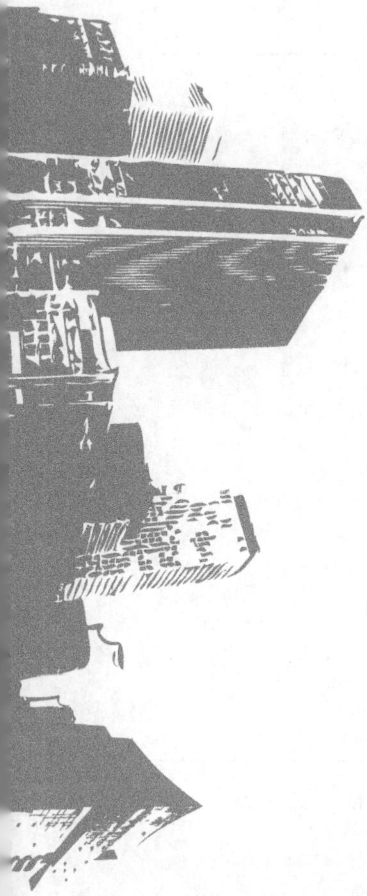

云南出版集团
YNK 云南科技出版社
·昆明·

图书在版编目(CIP)数据

新时代湖南民办高等教育可持续发展研究 / 宁琼,
王斌著. —昆明:云南科技出版社, 2019.12
ISBN 978-7-5587-2653-8

Ⅰ. ①新… Ⅱ. ①宁… ②王… Ⅲ. ①民办高校—可
持续性发展—研究—湖南 Ⅳ. ①G648.7

中国版本图书馆 CIP 数据核字(2020)第 010416 号

新时代湖南民办高等教育可持续发展研究
宁 琼 王 斌 著

责任编辑:洪丽春
助理编辑:曾 芫 张 朝
封面设计:陈 鸣
责任校对:张舒园
责任印制:蒋丽芬

书 号:ISBN 978-7-5587-2653-8
印 刷:北京虎彩文化传播有限公司
开 本:787 mm×1092 mm 1/16
印 张:9.75
字 数:225 千
版 次:2019 年 12 月第 1 版 2019 年 12 月第 1 次印刷
定 价:78.00 元

出版发行:云南出版集团公司云南科技出版社
地 址:昆明市环城西路 609 号
网 址:http://www.ynkjph.com/
电 话:0871-64190889

目 录

第一章　绪　论

一、问题的提出

中国的民办高等教育自20世纪80年代起步以来,已经经过了40年的发展历程,取得了巨大的进步。湖南民办高等教育顺应了时代发展的潮流,随着高等教育大众化进程的加快,湖南民办高等教育亦加快了发展的步伐,截至2017年下半年,湖南已有各级民办高校31所(其中独立普通二本5所,独立学院11所,高职专科15所)。湖南民办高等教育经过40年的发展,为湖南社会经济发展做出了重要的贡献。但近几年的湖南民办高等教育发展状况表明:湖南民办高等教育进入一个新的发展瓶颈期,面临诸多新的问题。随着中国特色社会主义进入新时代,湖南民办高等教育也迎来了发展的新的战略机遇。

(一)民办高等教育内部发展进入新阶段

随着中国特色社会主义进入新时代,湖南民办高等教育也进入了一个新的发展阶段,但湖南的民办高等教育对新时代的适应却明显滞后。十九大报告再一次提出"支持和规范社会力量兴办教育",民办高等教育事业将会迎来新一轮发展,民办高等教育内部也将会进入一个新的发展阶段。

1. 从追求数量向追求质量转变

2002年12月28日《中华人民共和国民办教育促进法》颁布,2004年4月1日《中华人民共和国民办教育促进法实施条例》实施,2008年《独立学院设置与管理办法》施行,掀起了民办高等教育的热潮。湖南民办高等教育也迎来了跨越式发展,高校数量急剧增加,在校学生数显著增长。2012年湖南吉利汽车职业技术学院创建后,到2017年年底均没有新的民办高等学校创建。截至2017年下半年,民办高等学校在校学生数已经连续5年基本持平,各民办高校正在从追求数量向追求质量转变。

2. 从粗放式向内涵式发展转变

2005年,长沙医学院、湖南涉外经济学院成功升格为普通二本,提升了湖南民办高等教育的办学层次。2011年长沙医学院通过教育部本科教学工作合格评估,

2015年湖南涉外经济学院通过教育部本科教学工作合格评估。2014年湖南信息学院、湖南交通工程学院、湖南应用技术学院成功升本。至此,湖南已拥有5所普通二本民办高校。2015年长沙医学院通过教育部临床专业认证评估,2017年获得硕士研究生培养建设单位立项,扩大了民办高等教育的影响力。同时,大多数民办高校都召开了教职工代表大会、工会代表大会,逐渐走向实现依法治校的道路。从2007年起,湖南省在民办高校实施党委书记派驻制度,到2017年实现了民办高校的全覆盖,保证了民办高校的社会主义办学方向,民办高等教育已经实现了从粗放式发展向内涵式发展的转变。

(二)民办高等教育外部发生了新变化

进入新时代以来,社会各方进入深度调整期,面对新情况、新问题,国家及时做出了调整,这些政策的调整,将会对湖南民办高等教育产生深远的影响。全面二孩政策的实施、新的《中华人民共和国民办教育促进法》的颁布实施、"双一流"大学的建设、新的发展理念等政策都需要湖南民办高等教育做出反应。

1. 全面二孩政策的实施

2015年10月29日,党的十八届五中全会决定,坚持计划生育的基本国策,完善人口发展战略。全面实施一对夫妇可生育两个孩子政策,积极开展应对人口老龄化行动。全面二孩政策的实施,将会对中国的人口产生重大影响。从现有的科学研究数据分析,由于从出生人口到大学适龄人口有一个滞后期,从2015年到2035年,大学适龄人数呈"V"字形曲线发展。也就是说,从2015年到2025年,大学适龄人数是逐年下降的,从2025年到2035年是逐年上涨的。一是全面二孩政策的作用影响;二是高等教育大众化水平的提高。对于民办高等教育而言,人口因素是影响其持续发展的一个重要因素。民办高等教育必须深化对人口政策和人口变化规律的研究,从而提前预判,做出发展选择。湖南是人口大省,全面二孩政策对湖南人口必将带来较大变化,将会在人口因素上影响湖南民办高等教育的可持续发展。

2. 新的《中华人民共和国民办教育促进法》的颁布

中国民办高等教育经过40年的发展,取得了巨大的成绩,为中国经济社会做出了重大贡献,在满足人民对高等教育的需求、对美好生活的向往都起到了重要的促进作用,但民办高等教育领域暴露出来的问题也不少,逐渐影响了民办高等教育的可持续发展。为适应新时代的发展需要,在依法治国的大背景下,国家及时对民办高等教育进一步规范。2016年11月7日,第十二届全国人民代表大会常务委员会第二十四次会议审议通过了《关于修改〈中华人民共和国民办教育促进法〉的决定》,新的《中华人民共和国民办教育促进法》自2017年9月1日起实施。此次修订将是民办教育改革发展新的里程碑。一是切实保障扶持政策落实;二是拓展民办教育发展空间;三是保证现有学校办学稳定;四是实现民办公办平等地位;五是加强民办学校规范管理。特别是非营利性和营利性的明确法律界定,将会对民办高等教育的发展产生重大影响。

3. "双一流"大学的建设

世界一流大学和一流学科建设,简称"双一流";建设世界一流大学和一流学科,是中国共产党中央委员会、中华人民共和国国务院作出的重大战略决策,亦是中国高等教育领域继"211 工程""985 工程"之后的又一国家战略,有利于提升中国高等教育综合实力和国际竞争力,为实现"两个一百年"奋斗目标和中华民族伟大复兴的中国梦提供有力支撑。2015 年 8 月 18 日,中央全面深化改革领导小组会议审议通过《统筹推进世界一流大学和一流学科建设总体方案》,对新时期高等教育重点建设做出新部署,将"211 工程""985 工程"及"优势学科创新平台"等重点建设项目,统一纳入世界一流大学和一流学科建设,并于同年 11 月由国务院印发,决定统筹推进建设世界一流大学和一流学科。2017 年 9 月 21 日,教育部、财政部、国家发展改革委联合发布《关于公布世界一流大学和一流学科建设高校及建设学科名单的通知》,公布首批双一流建设高校共计 137 所,其中世界一流大学建设高校 42 所(A 类 36 所,B 类 6 所);世界一流学科建设高校 95 所;"双一流"建设学科共计 465 个(其中自定学科 44 个)。此次"双一流"建设与既往的"211""985"最大的区别是民办高校也可以加入"双一流"建设行列,这将为民办高等教育的可持续发展带来重大机遇。

4. 新发展理念

中国共产党第十八届中央委员会第五次全体会议,于 2015 年 10 月 26 日至 29 日在北京举行。全会强调,实现"十三五"时期发展目标,破解发展难题,厚植发展优势,必须牢固树立并切实贯彻"创新、协调、绿色、开放、共享"的发展理念。这是关系我国发展全局的一场深刻变革。五大发展理念不仅是指导我国"十三五"期间乃至今后更长历史时期经济社会发展的基本原则,具有迫切的时代意义和重要的现实价值,而且也将会对中国未来经济、政治、社会文化的总体发展产生革命性的深远历史影响,对我国民办高等教育的发展具有划时代的指导意义。随着中国社会经济的发展,高考制度改革和新的人口政策的实施,民办教育发展面临新的转型。湖南民办高等教育在经过近 40 年的发展后,如何实现跨越式发展,成为民办高等教育发展必须直面的问题。以"五大理念"为指导,实现湖南民办高等教育的"创新、协调、绿色、开放、共享"发展,对于湖南民办高等教育以及湖南高等教育的发展、促进湖南经济社会的发展都具有重要的理论意义和现实价值。

二、国内外研究述评

民办高等教育或者私立高等教育只是国内和国外的不同称谓。在国外，习惯上称为私立高等教育。而在国内，为区分于计划经济时代的公办高等教育，习惯上称为民办高等教育。在国外，私立高等教育起步较早，古希腊时期就可说已经拥有了私立高等教育。不过近代意义上的私立高等教育是近代资本主义社会的产物。近代以来，欧风美雨劲吹中华大地，洋务运动后期就已经出现了民办高等教育，民国初年出现一波创办民办高等教育的热潮。随着中华人民共和国的成立，社会主义公有制和计划经济的成型，高等教育全属公办，民办高等教育销声匿迹。改革开放后，掀起了思想解放的大潮，民办高等教育再一次进入人民的视野。民办高等教育是高等教育的一部分，自然得到了学术界的关注，研究成果不断涌现。

（一）国外私立高等教育研究

国外私立高等教育起步较早，学术界对国外私立高等教育的关注起步于20世纪80年代，不少学者通过研究国外私立高等教育，从而为国内民办高等教育提供借鉴。对国外私立高等教育的研究，大体上从整体评述、各国具体情况和比较研究三个方面展开。

1. 整体评述

夏天阳、魏贻通是较早关注国外私立高等教育的，夏天阳指出"以法治教是国外许多国家发展教育事业的成功经验之一，通过教育立法，保障了私立高等教育的发展。"①魏贻通则通过对国外私立高等教育的模式的研究，得出国外私立高等教育对于满足教育的多样化起到了重要的作用。② 朱毅蓉研究了国外民办高等教育的成功经验及启示，认为灵活的办学形式、加强管理措施提高教学质量、通过立法保障发展是其成功的经验。③ 赵红亚通过研究提出国外私立高等教育在本国高等教育体系中的地位日趋重要；私立高等教育国际化程度增强；私立高等教育与公立大学的界限逐渐模糊；私立高等教育更加重视质量和特色建设；政府通过立法和增加财政扶持力度促使私立高校健康发展。④ 李纪明、王陆庆提出治理结构的构建

①夏天阳．国外私立高等教育的若干经验及启示．煤炭高等教育，1992，(4)．

②魏贻通．国外私立高等教育的模式与作用研究．厦门大学学报，1995，(1)．

③朱毅蓉．国外民办高等教育的成功经验及启示．发展研究，2004，(11)．

④赵红亚．试论国外私立高等教育的发展趋势．北京科技大学学报，2007，(3)．

和完善对教育规律的平衡起关键的作用。[①] 蒋惠玲、陈雪峰以全球化的视角对国外私立高等教育的发展进行了较为客观的评述。认为私立高等教育在全球范围内快速发展。总体而言,私立高等教育主要分为非营利性私立高校和营利性私立高等教育机构。非营利性高校呈现出"冰火两重天"的特征,营利性的高等教育机构则主要有公司大学、公司拥有的大学、不授予学位的机构和授予学位的机构等四种类型。[②] 王磊、王一涛认为国外私立高校可分为基于学术引领的私立高校、基于优质教学的私立高校、基于产业化运作的私立高校、基于企业发展需要的企业大学以及基于信息技术支持下的私立高校。结合我国民办高校的优势和特点,重新审视民办高等教育在高等教育发展中的地位,探索适合我国民办高校发展的办学模式,在当前显得尤为重要。

2. 各国具体情况

世界各国由于其政治体制、历史文化等的影响,私立高等教育也不尽相同,学术界出于比较借鉴之目的,对各国私立教育都进行了较为全面的研究。较早关注的是张桂香,她较为系统地考察了联邦德国的私立高等教育,对其特点进行了评述。[③] 员文杰考察了巴西的私立高等教育,并提出了对我国民办高等教育的启示,认为作为南美的发展中国家,其私立高等教育的发展为我国民办高等教育发展提供了可资借鉴的经验。[④] 张继明[⑤]、祝怀新[⑥]则对印度和泰国的私立高等教育进行了研究,张继明主要从教育经费政策方面考察,祝怀新主要关注的是政府角色。阮春面从宏观上分析了越南私立高等教育发展状况,[⑦]王诺斯则对美国私立高等教育的分类管理在私立高等教育发展中的作用进行探讨,同时提出了分类管理对中国民办高等教育管理的启示作用。[⑧] 付海明以泰国暹罗大学为例,对其私立高等教育的国际化进程进行了较为详细的分析。[⑨] 樊继轩对日本私立高等教育的内涵式发展之路进行研究,提出我国民办高等教育走内涵式发展之路是必然选择。[⑩]

---

①李纪明,王陆庆.国外高校治理模式比较及对我国民办高校的启示.高等工程教育研究,2010,(12).

②蒋惠玲,陈雪峰.全球私立高等教育发展初探.湖北函授大学学报,2015,(18).

③张桂香.联邦德国的私立高等教育.辽宁高等教育研究,1996,(4).

④员文杰.巴西私立高等教育的发展与启示.教育教学研究,2014,(6).

⑤张继明.印度私立高等教育经费政策的特征与启示.教育与考试,2015,(6).

⑥祝怀新.泰国政府在私立高等教育发展中国的角色探析.浙江树人大学学报,2016,(6).

⑦阮春面.越南现代私立高等教育事业发展的宏观分析[D].西南大学,2016.

⑧王诺斯.美国私立高等教育分类管理的经验与启示.教育科学,2016,(2).

⑨付海明.泰国私立高等教育的国际化进程——以暹罗大学为例.教育现代化,2017,(10).

⑩樊继轩.日本私立高等教育内涵式发展战略及启示.中国成人教育,2018,(4).

张继明、张丽丽从历史的角度考察了印度私立高等教育的历程。[①] 代表了学术界对国外私立高等教育的最新关注。

3. 比较研究

在对国外私立高等教育的研究中,学术界从比较教育学的视角出发,提出国外私立高等教育的成功经验对我国民办高等教育发展的借鉴或启示。沈晓慧以美国和日本为例,通过对比提出制度安排对私立高等教育可持续发展的影响,同时提出了我国在民办高等教育国家应该在制度层面的作为。[②] 孔青、刘志兵则对比了中美两国在私立高等教育和民办高等教育中不同的体制、模式和融资,特别是美国私立高等教育董事会和学术委员会的重要作用,为我国民办高等教育可持续发展提供了新的方向。[③] 蒋欣吟则从教育融资风险角度对美、日两国的私立高等教育进行了比较,同时为我国民办高等教育的融资风险提出预警。[④] 王磊、王一涛则从私立高等教育的发展类型出发,提出国外私立高等教育划分为基于学术引领的私立高校、基于优质教学的私立高校、基于产业化运作的私立高等学校、基于企业发展需要的企业大学和基于信息技术支持的私立高校,并认为我国可以借鉴国外经验,有目的地将民办高校分类管理。[⑤]

(二)国内民办高等教育研究

随着民办高等教育的发展,对民办高等教育的研究逐渐得到国内学者的关注。最先关注民办高等教育的是潘懋元,其在 1988 年《关于民办高等教育体制的探讨》中提出“民办高等教育是社会主义高等教育的应有之义”。接着,魏贻通在 1989 年对民办高等教育的地位与作用提出了探讨,认为民办高等教育在社会经济发展中具有公办教育所不具有的优势,民办高等教育应该与公办高等教育具有“同等地位”。周一文在 1989 年提出“民办高等教育应努力办出自己的特色。”此后,民办高等教育的研究逐渐深入,涉及地位、作用、体制、发展、转型、风险等诸多领域。邬大光、王佐书、潘懋元、徐绪卿、柯佑祥等专家学者从各个方面对民办高等教育进行

---

①张继明,张丽丽. 近代以来印度私立高等教育发展历程及启示. 贵州师范大学学报,2018,(1).

②沈晓慧. 国外私立高等教育的制度安排与可持续发展研究——以美国和日本为例. 浙江树人大学学报,2010,(5).

③孔青,刘志兵. 中美私立高等教育政策的比较研究与启示. 浙江树人大学学报,2015,(18).

④蒋欣吟. 国外私立教育融资经验对我国民办教育的启示和借鉴——以美、日私立高等教育为例. 湖北函授大学学报,2014,(16).

⑤王磊,王一涛. 国外私立高校的发展类型及对我国民办高等教育的启示. 浙江树人大学学报,2018,(2).

了研究。随着学术界对民办高等教育研究的深入,学术成果不断涌现。

1. 专著

中国民办高等教育已经走过近40年的风雨历程,学术界也越来越关注民办高等教育的发展,积累了丰富的经验,出版了近百部学术专著。浙江大学教育学院教授顾建民是较早系统研究中国民办高等教育发展的,他提出了民办高等教育发展战略理念,为我国民办高等教育的可持续发展指明了方向。① 中国民办教育协会陶西平、王佐书领衔全国各省民办教育协会,对民办高等教育在《国家中长期教育改革和发展规划纲要(2010—2020年)》中的地位做了专项调研,通过文献研究、数据统计、抽样调查、实情考察、问卷调查、案例分析、座谈研讨等多种形式对民办高等教育发展做了全面而系统的分析,对各类民办教育事业的发展、区域民办高等教育的发展进行了总结,并做了专题研究报告,其成果集中在出版的《中国民办教育》中。② 民办教育研究专家徐绪卿则从政策与管理、院校与发展、教学与评估、综合与其他四个方面对民办高等教育发展进行了总结。③ 王昆来从管理学的视角对民办高等教育的发展进行了探析。④ 曾小军则从政府干预角度论及了政府在民办高等教育发展中的作用。⑤ 毕振力则从私立高等教育政策体系构成、财政资助理论、教育资助理论视角讨论了民办高等教育的财政资助。⑥ 方芳、钟秉林树立了我国民办高等教育的资助政策和资助现状,总结分析了我国民办高等教育发展过程中存在的主要问题及成因并提出分类管理是规范民办高等教育管理、促进民办教育科学发展的必然要求。⑦ 潘留仙、陈文联则从治理的视角对民办高等教育治理体系现代化、改革与发展转型、民办高等教育发展等多个方面进行了讨论。从利益相关者视角下的民办高校治理、民办高校办学风险及其防范机制、民办高校公信力建设、民办高等教育公益性实现、非营利性视角下民办高校发展和策略五个方面提出了民办高等教育可持续发展的路径。⑧

2. 论文

学术界对于民办高等教育研究的论文,大体上可以分为总体综合论述、对各地民办高等教育的研究和具体管理视角三个方面。

---

①顾建民. 中国民办高等教育发展战略研究. 杭州:浙江大学出版社,2004.

②陶西平,王佐书. 中国民办教育. 北京:教育科学出版社,2010.

③徐绪卿. 新时期中国民办高等教育理论研究. 杭州:浙江大学出版社,2010.

④王昆来. 民办高等教育管理研究. 成都:西南财经大学出版社,2012.

⑤曾小军. 民办高等教育政府干预研究. 北京:中国社会科学出版社,2014.

⑥毕振力. 民办高等教育财政资助——现状、障碍与突破. 北京:经济科学出版社,2015.

⑦方芳,钟秉林. 我国民办高等教育财政支持制度研究. 北京:北京师范大学出版社,2016.

⑧潘留仙. 民办高等教育的治理创新与风险防范. 长沙:中南大学出版社,2018.

总体评述方面潘懋元对民办高等教育可持续发展的招生、师生待遇、评估、行政管理、优惠政策等外部环境问题和生源、师资、资金、质量、办学思想、学校管理等成长中的问题进行了系统论述。① 张剑波通过对民办高校的调查,认为制度创新是民办高等教育可持续发展的灵魂。② 潘懋元、林莉对2020年我国民办高等教育的规模进行了预测,认为到2020年,我国多种模式的民办高等学校及其学生,可能达到高等学校总数的2/3左右;并将有若干民办高校成为各自定位的一流院校。③在总数方面的预测未免过于乐观,但西湖大学、南方科技大学等的建立却印证了这一预测的科学性。徐绪卿从法律和管理视角提出要实现民办高等教育的可持续发展,既要支持民办高等教育,也要对其进行规范。④ 鞠光宇则把民办高等教育可持续发展的问题上升到战略高度,认为投资性民办高校应该将职业教育作为办学中心,并努力通过资本市场获得投资性资金,改善教学质量,增加对学生的吸引力,非营利性民办高校应该根据捐资人的要求和自身的特点采取相应的办学策略,办出自己的特色。⑤ 陈金秀提出了促进民办高等教育可持续发展的教育策略。⑥ 徐绪卿同时提出对于民办高等学校应遵循稳步推进、尊重选择、既往不咎、鼓励公益、坚持改革、和谐发展等原则,对民办高校实行分类管理,不能不说徐绪卿理论具有的前瞻性。⑦ 陶西平撰文指出民办高等教育可持续发展面临政策落实严重滞后、需求变化、地方支持缺陷明显等挑战。⑧ 王佐书提出民办高等教育应该在"高、新、特、前"上下功夫,在引进世界优质高等教育资源后关键在于"吸收"。⑨ 黄芬撰文指出要以制度创新来推动民办高等教育的可持续发展。⑩ 十八大后,徐绪卿从治理的角度探讨民办高等教育的可持续发展,认为在"推进国家治理体系和治理能力现代化"的宏观背景和我国民办高等教育独特的发展阶段和使命,民办高等教育应加快管理转型,从单向治理走向多元治理。⑪

对各省民办高等教育的研究也逐渐得到学术界的关注。陕西被称为"中国民

①潘懋元.民办高等教育持续发展问题.浙江树人大学学报,2006,(6).
②张剑波.制度创新:民办高等教育可持续发展的灵魂.湘潭大学学报,2005,(1).
③潘懋元,林莉.2020:中国民办高等教育的前瞻.民办教育研究,2005,(4).
④徐绪卿.规范和支持并举促进民办高等教育健康可持续发展.现代教育科学,2007,(4).
⑤鞠光宇.民办高等教育可持续发展战略分析.国家教育行政学院学报,2010,(7).
⑥陈金秀.论中国民办高等教育可持续发展的教育策略.中国成人教育,2012,(2).
⑦徐绪卿.关于民办高校分类管理的思考.教育发展研究,2011,(6).
⑧陶西平.民办教育的可持续发展面临的挑战.人民政协报,2011,6(02).
⑨王佐书.论中国民办高等教育国际化发展战略.浙江树人大学学报,2011,(5).
⑩黄芬.以制度创新推动民办高等教育可持续发展.黄河科技大学学报,2013,(5).
⑪徐绪卿.治理背景下我国民办高等教育管理转型.中国高教研究,2014,(8).

办高等教育的高地”，自然引起了学术界的兴趣，较早关注的是李伟民，他较为详细地分析了影响陕西民办高等教育可持续发展的因素。[①] 鱼小辉也对陕西民办高等教育的可持续发展进行了有益的探索。[②] 张景振[③]、李纯真[④]则分别对辽宁的民办高等教育可持续发展进行了研究。吴梦军等撰文指出转型时期山东民办高等教育可持续发展的对策包括：转变思想观念，认清民办高等教育的价值；推进制度创新，保障民办教育的继续发展；注重内涵建设，打造民办高等教育品牌。[⑤] 章丰慧对广西民办高等教育可持续发展进行了全面的分析。[⑥] 此外，谢林见[⑦]、丁力玮[⑧]分别对四川和海南的民办高等教育进行了论述。

而在具体管理视角方面，张应强从高等教育改革的视角认为民办高校要实现可持续发展必须合理定位，强化办学特色，优化内部治理结构，同时要坚定地面向市场，依法自主办学。[⑨] 解艳华则从新制度经济学视角探讨民办高等教育可持续发展，提出制度安排是民办高等教育可持续发展的关键因素。[⑩] 刘忠明撰文指出民办高等教育可持续发展，期待中央政府的权威，期待各级政府提高对民办高校公共产品属性和政府公利性的认识，更新观念纠正偏差；期待完善教育法制，实现民办高等教育法治；期待构建科学有效的民办高等教育宏观管理体制，落实民办高校办学自主权；期待中央与地方政府合力保护师生利益。[⑪] 邱小健则从财政政策视角分析了民办高等教育可持续发展的因素，提出政府应该根据民办高等教育的外部性，制定民办高等教育可持续发展财政政策，促进民办高等教育可持续发展。[⑫] 刘林，王皤则从社会资本理论对民办高等教育可持续发展进行探讨，认为新形势下

①李维民．陕西民办高等教育可持续发展研究．民办教育研究，2003，(2)．

②鱼小辉．陕西民办高等教育的可持续发展之道．陕西师范大学继续教育学报，2005，(11)．

③张景振．辽宁民办高等教育可持续发展战略研究[D]．东北大学，2011．

④李纯真．辽宁民办高等教育可持续发展研究[D]．辽宁师范大学，2011．

⑤吴梦军，袁振权，刘欣．转型时期山东欧诺个声民办高等教育可持续发展的对策．中国成人教育，2010，(6)．

⑥章丰慧．广西民办高等教育可持续发展研究——基于关系北部湾经济开发区为背景[D]．广西师范大学，2013．

⑦谢林见．试论四川民办高等教育可持续发展的战略．才智，2016，(8)．

⑧丁力玮．海南没民办高等教育可持续发展的政策制约与对策研究．中国培训，2017，(2)．

⑨张应强．高等教育改革与我国民办高校的可持续发展．大学教育科学，2006，(4)．

⑩解艳华．民办高等教育可持续发展的制度安排与激励效应探析——基于新制度经济学视角．高教探索，2008，(2)．

⑪刘忠明．民办高等教育可持续发展的政府支持探讨．当代教育论坛，2010，(11)．

⑫邱小健．民办高等教育可持续发展财政政策思考．中国高教研究，2010，(11)．

自由充分利用社会资本化解危机，才能确保民办高等教育可持续发展。① 钮小萌运用系统工程中的解释结构模型(ISM)对我国民办高等教育外部策略进行系统分析，建立四级递阶模型，理清众多可持续发展策略之间的逻辑关系，最终得到民办高等教育可持续发展的直接影响因素。②

(三)湖南民办高等教育研究

湖南省民办高等教育在经过30余年的发展，应该说取得了不菲的成绩，无论在弥补高等教育不足和适应差别化发展及促进湖南经济社会发展等各方面都起到了重要的作用，但湖南学术界对湖南民办高等教育的研究没有得到应有的重视，在中国知网上检索，仅见文献20余篇。研究湖南民办高等教育的学者主要有陈文联、潘留仙、黎利云、廖良初等。

陈文联一直关注湖南民办高等教育的发展，并对湖南民办高等教育进行了持续深入的研究。他撰文指出湖南民办高等教育在其发展过程中存在着日益严重的功利化、扩张化、趋同化、家族化、庸俗化等非教育性倾向，从根本上损害了高等教育的本质内涵，对民办高等教育持续发展有着消极影响。③ 同时认为"官本位"观念以及计划体制的惯性思维等非正式制度极大地制约着民办高等教育持续健康发展。④ 民办高等教育分类管理政策出台后，营利性和非营利性成为分类管理的一个核心标志，陈文联从"道德人"与"经济人"的视角对民办高等教育进行深入分析，认为民办高校举办者在分类管理改革中陷入了选择性困境。⑤ 据此，陈文联提出培养积极的民办高等教育转型发展的社会氛围，构建完备的法规制度体系，完善民办高等教育管理体制，健全公共财政资助制度，引导民办高校完善法人治理结构等多项举措，促进民办高等教育可持续发展。

潘留仙较早地关注湖南民办高等教育可持续发展，他本人就在民办高校工作，对民办高等教育了解更加清楚也更加透彻。他认为，在民办高等教育发展过程中面临六大矛盾，包括：经济规律与教育规律、资本寻利性与教育公益性、巨大投资需求与投资渠道单一、规模扩张与质量保障、市场急剧变化性和专业相对稳定性、职

---

①刘林，王幡.探析我国民办高等教育的可持续发展之路——基于社会资本理论的视角.北京城市学院学报，2011，(2).

②钮小萌.基于ISM模型的民办高等教育可持续发展外部策略研究.中国成人教育，2014，(18).

③陈文联.我国民办高等教育发展过程中的非教育性倾向探析.中国高教研究，2017，(5).

④陈文联.我国民办高等教育发展中的非正式制度约束.黄河科技大学学报，2018，(3).

⑤陈文联."道德人"还是"经济人"：民办高校分类管理制度下举办者的人性困惑.浙江树人大学学报，2018，(4).

业导向与人文导向。[①] 潘留仙还对民办高校校长这一重要角色进行了深入分析，指出民办高校校长不仅要扮演好高校组织一些类似的角色，还要扮演好管理和经营好民办高校的引领者、经营者、协调者的角色。[②]

在办学模式方面的研究有董岳州、刘舸、张玉珊、郭瑾、贾永堂等学者。董岳州、刘舸研究了湖南民办高等教育发展中的“以学养学”模式。[③] 张玉珊、郭瑾对湖南民办高等教育注入式发展模式进行了梳理，提出了注入式模式的特点和优势、存在的问题和发展走向。[④] 高度依赖学费的滚动型发展模式已不适应民办高等教育持续健康发展的需要。要真正解决资金短缺问题只有使学校从资金的消费者向资金的增长点转变，才能促进学校与企业的持续发展，实现投资与办学的良性互动。[⑤]

在民办高等教育可持续发展的不利因素方面，不少学者也提出了自己的真知灼见。黎利云对湖南民办高等教育发展的软环境进行了调查和分析，认为湖南民办高等教育发展的软环境整体欠佳，主要源于产权不明晰下隐藏的问题较多、资金紧张、银行贷款积极性不高、贴息贷款政策没有惠及民办高校学生、招生秩序混乱、民办高校的公益性有待加强等。[⑥] 李琼的论文认为湖南民办高校教师队伍年龄结构、学历结构、职称结构均欠合理，“双师型”教师偏少，教师流失情况比较突出，教师“打工”心理较强，从而影响了学校的可持续发展。[⑦] 任迪辉在论文中指出社会客观环境因素不利民办高等教育承受外部歧视，政策不完善使民办高等教育处于弱势地位，自身功利性成为绊脚石等都成为制约湖南民办高等教育持续发展的原因。[⑧] 宁琼提出了影响湖南民办高等教育发展的因素：“同等法律地位”难以落实到位，法律规范不完备，政策贯彻不到位；社会和教育管理部门观念出现偏差，认识有失偏颇；民办高校管理体制不顺，创新意识不够；学校定位不科学，办学资金渠道欠缺。[⑨]

在分析湖南民办高等教育可持续发展不利因素的同时，不少学者提出了促进民办高等教育可持续发展的对策。廖良初认为要解放思想、提高认识、理清思路、

---

①潘留仙. 民办高等教育发展的六大矛盾. 黄河科技大学学报，2005，(3).

②潘留仙. 民办高校内部治理中校长应有的角色. 中国高教研究，2016，(8).

③董岳州，刘舸. 湖南民办高校“以学养学”滚动发展模式研究. 中国校外教育，2010，(3).

④张玉珊，郭瑾. 湖南民办高等教育注入式发展模式研究. 成功，2010，(5).

⑤贾永堂，周光礼. 探索投资与办学良性互动的民办高校可持续发展之路——湖南涉外经济学院的发展模式. 高等教育研究，2006，(4).

⑥黎利云. 湖南民办高等教育发展之软环境调查与分析. 民办教育研究，2008，(4).

⑦李琼. 民办高校教师队伍现状与发展策略研究——以湖南民办高校为例[D]. 湖南师范大学，2010.

⑧任迪辉. 湖南省民办高等教育可持续发展的障碍及对策研究[D]. 湖南大学，2011.

⑨宁琼. 论影响民办高等教育发展的因素——基于湖南的考察. 世纪桥，2015，(3).

规划发展、加速建设、打好基础、加强管理、规范行为等促进民办高等教育可持续发展的对策。① 李钊则通过研究,提出了湖南民办高等教育可持续发展的战略:创新观念,构筑民办高等教育健康发展的社会氛围;完善法规体制,构建民办高等教育健康发展的政策环境;优化校内运行机制,形成自我发展的生机与活力。② 杨定忠提出了"优化办学环境,规范内部管理,促进湖南民办高等教育持续发展"的观点。③ 王斌提出了湖南民办高等教育的发展对策:突破现实困境,落实"同等法律地位";加强舆论引导,提升教学质量;注重科学定位,实现错位竞争;合理空间布局突出专业特色;加强内部管理,扩大师生权益;积极创新体制,拓展资金来源。④

此外,不少学者还从具体学校的研究出发,对湖南民办高等教育持续发展进行了研究。蒋佳宏以湖南都市职业学院为例研究了高职院校的师资管理。⑤ 尚利霞将湖南涉外经济学院与哈佛大学进行了比较研究。⑥ 王芝飞以湖南软件职业学院为例研究了民办高校的国际合作问题。

综上所述,学术界对民办高等教育的研究比较深入和全面,但对湖南的民办高等教育的研究可以说还没有得到足够的重视。湖南是人口大省,也是教育强省,但湖南的民办高等教育既比不上北京和浙江,也不能和西部的陕西相提并论,甚至与相邻的江西都有差距。这既有湖南政策、环境的影响,也有高校自身定位、管理的制约。在高考制度改革、新的人口政策和民办高等教育转型发展的当下,十八届五中全会提出了"创新、协调、绿色、开放、共享"五大发展理念,如何紧抓机遇,以"开放、共享"的理念,促进湖南民办高等教育"创新、协调、绿色"发展,实现湖南民办高等教育实现跨越式发展,为教育强省贡献力量,促进湖南经济社会的持续发展都有重要的意义,值得深入研究。

三、研究框架、重点、难点及创新

本书以"五大发展理念"指导下的湖南民办高等教育为研究对象,对其时代背景、影响因素、发展理念、模式、对策等进行全面、系统、深入、客观的研究,并提出跨

①廖良初.湖南民办教育现状分析与发展对策研究.云梦学刊,2003,(5).

②李钊.湖南民办高等教育发展战略研究[D].国防科学技术大学,2004.

③杨定忠.民办教育稳步发展应注重内涵建设.湖南日报,2006,12(C02).

④王斌.湖南省民办高等教育发展对策研究.产业与科技论坛,2014,(22).

⑤蒋佳宏.民办高职院校师资管理研究——以湖南都市职业学院为例[D].湖南师范大学,2014.

⑥尚利霞.中美民办高等教育比较研究——以湖南涉外经济学院和哈佛大学为比较对象.吉林广播电视大学学报,2018,(8).

越式转型发展的实现路径。

（一）研究框架

第一章为导论。主要阐明选题的依据和意义，介绍评析本课题的研究现状，介绍全文的重点、难点及创新点，并说明本书的研究方法。

第二章主要是论述湖南民办高等教育发展的现状与问题。包括阐明湖南民办高等教育的学理基础，从总体上把握中国民办高等教育发展概况和从整体上说明湖南民办高等教育发展的现状。从民办高等教育层次、数量、水平方面结合人口、政府引导政策等因素将湖南与广东、陕西、江西进行比较研究。通过比较提出实现湖南民办高等教育可持续发展存在的问题，包括传统观念的影响、发展定位的制约、政策法律的模糊、运行机制的约束等。

第三章主要探讨新时代湖南民办高等教育可持续发展的挑战与机遇。新的时代，湖南民办高等教育可持续发展面临诸多挑战，主要从双一流建设的影响、教育评估的压力、同质化倾向的制约、国际市场的竞争、招生制度的限制等方面进行深入的探讨。挑战总是与机遇并存，在探讨面临的挑战的同时，分析了新时代湖南民办高等教育可持续发展的机遇，主要从新时代的历史定位、双一流建设的发展前景、新人口政策的生源保障、新民办教育促进法的政策支持等方面予以分析。

第四章主要总结新时代湖南民办高等教育可持续发展的国内外借鉴。国外私立高等教育较为成熟，特别是美国、日本等私立高等教育取得了较好的社会经济效应，而印度私立高等教育也很有特色，印度作为人口众多的发展中国家，与我国有很多相似之处。因此，国外私立高等教育分别选择美国、日本和印度这三个各具代表性的国家予以分析。而在国内，陕西素有“民办高等教育的高地”之称，北京民办高等教育也个性鲜明，并且北京和西安是拥有第一批开办研究生教育的民办高校，因此其经验值得借鉴。广东一直被称为民办教育的领头羊，无论是民办高校的数量，还是民办高等教育的质量在全国都是首屈一指的，广东与湖南还具有地缘优势，因此选择探讨广东的民办高等教育的成功经验。

第五章为本书的重点内容，也是难点所在，为新时代湖南民办高等教育可持续发展提供对策。坚持新发展理念，紧紧抓住“双一流建设”的机遇，适应新人口政策和新的高招制度，坚持湖南民办高等教育的创新发展、开放发展、协调发展、绿色发展、共享发展，最终实现湖南民办高等教育的可持续发展。

（二）重点难点

新时代必须以新发展理念引导湖南民办高等教育的可持续发展。因此，重点在于贯彻“创新、协调、开放、绿色、共享”的发展理念，实现湖南民办高等教育的可持续发展,具体而言包括以下五个方面。①创新发展就是把创新作为民办高等教育发展的第一动力,以提升办学质量为第一要义,以"错位竞争"为主要形式,注重顶层设计和宏观蓝图,敢为人先,敢于创新,创新办学形式,突出专业特色,实现民办高等教育的跨越式发展。②协调发展就是立足湖南民办高等教育实际,注重整体发展、法治发展;注重民办高等教育与公办高等教育的协调发展,注重教育与社会、经济、环境的协调发展;注重湖南人口规模与民办高等教育规模的协调发展;注重学校、教师、学生的协调发展;注重学生数量和质量的协调发展;注重规模和特色的协调发展;注重学校与周边环境的协调发展。③绿色发展就是在绿色教育理念指导下建设古朴典雅的"绿色"校园环境,打造"德艺双馨"的"绿色"教师队伍,构建生动、民主的"绿色"生态课堂,培养适应社会、全面发展的"绿色"大学生。④开放发展一是打破原有的民办高等教育的固定思维,扩大对外开放,立足湖南,面向世界,以世界眼光、国外私立高等教育的成功经验为借鉴,形成以开放促改革、促发展的理念,开放留学生教育、职业技能培训教育。二是改变原有的民办高校的固定发展模式,扩大开放程度,引入股份制等资金注入机制。三是响应国家新的人才流转机制,建立与公办高校的人才互换机制,大力引进创新性人才,促进民办高校和民办高等教育的开放发展。⑤共享发展就是与公办高校、企事业单位建立发展合作机制,既共享公办高校的发展理念、发展模式,共享他们的发展成果,又将民办高等教育的发展成果为全社会所共享。

新时代湖南民办高等教育的发展机遇与挑战并存,在理论和实践层面都存在一定的难度。在具体分析、研究的过程中,存在以下方面的难点:第一,民办高等教育包括多种类型,每种类型具有其自身的特色,要从总体上把握具有一定的难度。例如,独立学院受原来母体学校的影响较深,而民办高职院校则情况更为复杂。第二,调查统计数据难收集,由于民办高校较多,为尽可能地让数据科学真实,调查量大,而且不少民办院校由于学校方面的压力,有些真实数据难以统计到,如师资力量各民办高校的网站宣传资料均有水分。第三,观念的转变较难。思想观念是最难改变的,一是民办高等教育管理部门的传统观念;二是社会民众的观念;三是民办高等教育举办者的观念。贯彻新发展理念需要转变观念,需要一个过程,存在一定的难度。

(三)创新

本书在理论上的创新主要体现在以下几个方面:一是学术观点新。提出了民办高等教育"创新、协调、绿色、开放、共享"的发展观,提出了民办高等教育的跨越式发展观,"创新、协调、绿色、开放、共享"是十八届五中全会提出的最新思想;二是研究视角新。从"创新、协调、绿色、开放、共享"视角来研究湖南民办高等教育。

从法治视角、新人口政策视角、新高考制度视角对民办高等教育的发展进行系统研究。从湖南民办高等教育转型的时代背景、影响湖南高等教育发展的因素及实现民办高等教育跨越式发展的实现路径来研究湖南民办高等教育的发展；三是指导思想新。以习近平新时代中国特色社会主义思想为指导，全面分析湖南民办高等教育发展面临的机遇和挑战，从历史唯物主义的视角来全面分析和把握，提出湖南民办高等教育可持续发展的实现路径；四是方法创新。本书注重从实证分析、图表分析和定量分析去论证对象，运用社会学、统计学、教育学等多种学科原理进行中外比较、国内比较，增强论证的科学性、规范性、准确性。

四、主要研究方法和手段

本书以马列主义、毛泽东思想、邓小平理论、“三个代表”重要思想、科学发展观和习近平新时代中国特色社会主义思想为指导，从理论和实践、宏观和微观、历史和逻辑的视角，运用系统论、社会学、教育学、管理学的基本原理，采用多种研究方法，立足于在审视纷繁复杂的社会、教育现象基础上深化实践认知、深化理性思考。研究方法主要有：

一是历史与逻辑结合法。历史是逻辑的基础，而逻辑是历史在理论思维中的再现。历史与逻辑相一致的方法要求理论研究要回到事物的原始状态，照顾思想起点的逻辑合理性。恩格斯指出：“历史从哪里开始，思想进程也应当从哪里开始。”①这是贯穿本书始终的研究方法。

二是文献研究法。通过检索中国学术期刊数据库、中国知网、人大复印资料数据库等资料，以国内民办高等教育发展文献为主，兼采国外私立高等教育发展的相关文献，了解和梳理民办高等教育可持续发展的成功经验和对策。

三是唯物辩证法。对“五大理念”指导下的湖南民办高等教育发展进行系统化、理论化研究，主要采用唯物辩证法的基本方法进行，如矛盾分析法、系统分析法、归纳演绎法等。

四是调查法。通过对江西、陕西、广东三省的网上调查和问卷调查，辅以部分电话调查，收集相关数据。查阅国家统计局、中华人民共和国教育部、中国民办教育信息网等网站数据，为比较研究奠定基础。

五是比较研究法。通过对印度、美国、日本的私立高等教育的网络资源的调查统计，为湖南民办高等教育的可持续发展提供国际借鉴。通过对江西、陕西、广东和湖南在人口、省域面积、民办高校数、政府资助政策的比较，探讨湖南民办高等教

①马克思恩格斯选集(第二卷).人民出版社,1995:3.

育可持续发展可供借鉴的经验。

六是多学科综合研究法。民办高等教育可持续发展研究是一个跨学科、多视角的研究。本书运用了多学科综合研究法,采用了教育学、社会学、哲学、统计学、管理学等学科知识、研究视角和方法。

第二章　民办高等教育发展现状与问题

一、中国民办高等教育发展概况

（一）民办高等教育发展的历史回顾

随着改革开放的春风吹遍大江南北、长城内外，中国民办高等教育也得到了恢复。回顾自 1978 年民办高校产生至今 40 多年来的发展历程，结合我国民办高等教育在政策环境、发展速度、办学规模和办学形式等方面的发展特征，可以将我国民办高等教育的发展过程大致划分为四个阶段。

1. 复苏期(1978—1991 年)

1977 年恢复高考后，北京、上海等城市出现的文化补习班，标志着我国民办高等教育雏形的出现。1982 年修订的《中华人民共和国宪法》中规定："国家鼓励集体经济组织、国家企业事业组织和其他社会力量依照法律规定举办各种教育事业。"1985 年中共中央颁发的《关于教育体制改革的决定》中指出，"要充分调动企事业单位和业务部门的积极性，并且鼓励集体、个人和其他社会力量办学。"这些政策的出台为我国民办高等教育的兴起与发展提供了坚实的合法性保障，也使得民办高等教育事业的发展受到了来自社会各界的广泛关注。

2. 探索期(1992—1996 年)

1992 年邓小平南方谈话，我国民办高等教育进入到思想解放、充满活力的探索时期。党的十四大提出，"鼓励多渠道、多形式的社会集资办学和民间办学，改变国家包办教育的做法"。1993 年，中共中央、国务院颁布的《中国教育改革和发展纲要》中提到，"国家对社会团体和公民个人依法办学，采取积极鼓励、大力支持、正确引导、加强管理的方针。"这些文件精神极大地鼓舞了社会各界投资办教育的热情，也掀起一股民间力量办大学的热潮。1993 年《民办高等学校设置暂行规定》顺利出台，这标志着我国民办高等教育管理由"无序"进入"规范"的初始阶段。

3. 规范期(1997—2012 年)

1997 年，《社会力量办学条例》颁发，标志着我国民办教育进入依法管理和依法办学的新阶段，也为国家制定民办教育其他的相关法律奠定了重要基础。1999 年，国务院批转教育部《面向 21 世纪教育振兴行动计划》中提出，"基本形成以政府办学为主体、社会各界共同参与、公办学校和民办学校共同发展的办学体制。"同年6月,中共中央、国务院《关于深化教育改革,全面推进素质教育的决定》中强调,"凡符合国家有关法律法规的办学形式,均可大胆试验。"2002年,《中华人民共和国民办教育促进法》的颁布,以及2004年《中华人民共和国民办教育促进法实施条例》的出台,标志着我国民办高等教育的管理进入到依法治教、依法办学、依法管理的新阶段,有效地保障了民办教育的可持续发展。2007年,教育部颁发的《民办高等学校办学管理若干规定》《独立学院设置与管理办法》等文件,对我国民办教育的健康可持续发展产生了积极的重要影响。2010年颁布的《国家中长期教育改革和发展规划纲要(2010—2020年)》中明确提出,"积极探索营利性和非营利性民办学校分类管理"。同年10月,《国务院办公厅关于开展国家教育体制改革试点的通知》进一步规定,"探索营利性和非营利性民办学校分类管理办法"。

4. 法治期(2012—至今)

2012年十八大胜利召开,十八大报告进一步强调"努力办好人民满意的教育""鼓励引导社会力量兴办教育"。2012年习近平当选为党的总书记,习近平总书记在随后举行的中外记者见面会上明确提出"我们的人民热爱生活,期盼有更好的教育、更稳定的工作、更满意的收入""人民对美好生活的向往,就是我们的奋斗目标"。

随着中国特色社会主义进入新时代,社会主要矛盾转化为人民日益增长的美好生活需要同不平衡不充分的发展之间的矛盾。人民对高等教育的美好需要越来越强烈,2002年颁布的《中华人民共和国民办教育促进法》已经不能适应新的形势的发展,急需对其进行修订。中华人民共和国第十二届全国人民代表大会常务委员会第二十四次会议于2016年11月7日通过《全国人民代表大会常务委员会关于修改〈中华人民共和国民办教育促进法〉的决定》,新的《中华人民共和国民办教育促进法》从2017年9月1日开始实施。

十八大以来,全面依法治国成为"四个全面"的重要组成部分。民办高等教育走法治化发展之路也成为必然选择。新的《中华人民共和国民办教育促进法》明确规定了民办教育"分类管理"原则,为民办高等教育的发展确定了指导原则。十九大报告提出"深化教育改革,加快教育现代化,办好人民满意的教育。""支持和规范社会力量兴办教育。"虽然新的《民办教育促进法实施条例》正在紧锣密鼓的修订之中,但推进民办高等教育走向法治化之路已是可以预见的了。

(二)民办高等教育发展现状

在经过近40年的发展后,民办高等教育正在逐渐成长为我国高等教育体系中的一个重要力量,为社会经济的发展、特别是满足高等教育市场多样化选择方面做出了重大贡献。

1. 民办高等学校的总数

2018 年 8 月教育部发布的《2017 年全国教育事业统计公报》显示:全国共有民办高校 735 所(含独立学院 265 所,成人高校 1 所),比上年增加 5 所。在校生 628.46 万人,其中硕士研究生招生 747 人,在学 1223 人。① 同期全国共有普通高等学校 2631 所(含独立学院 265 所),在学总规模达到 3779 万人。统计可知,民办高校在全国高校占比 28.4%,在校学生数占比 18.6%。

我国高等教育自 1999 年实行扩招政策以来,民办高等教育也取得了快速发展。2003 年,随着《中华人民共和国民办教育促进法》及其实施条例的颁布,政府对于民办高校的相关扶持政策也逐渐完善。从规模增速上来看,我国民办高等教育大致经历了两个发展阶段:一是快速发展期(2003 年至 2006 年):2002 年《中华人民共和国民办教育促进法》颁布,2004 年《中华人民共和国民办教育促进法实施条例》颁布,条文对民办学校"合理回报"等一系列优惠和扶持政策做出具体规定,社会力量兴办教育的积极性空前高涨,民办高校在规模、在校生数、经费投入等方面都呈现出快速扩张的趋势。二是平稳发展期(2006 年至 2012 年):一方面民办高等教育相关优惠和扶持政策难以得到有效落实;另一方面,公共财政对公办高校的投入力度有所加大,对民办高校发展带来了冲击。自 2006 年以后,民办高校发展规模的增速在逐步放缓。②

2. 民办高等教育的在校生数

从教育统计公报可知民办高校在校学生已经由 2001 年的 14.0 万增长到 2013 年 557.5 万人,12 年期间在校生总数增长了 38.8 倍,每年平均增长 45.3 万人。从相对数量上来看,截至 2013 年底,民办普通高校在校生占全体普通高校在校生数的比例已高达 22.6%。2005 年教育部规定"所有进行文凭考试试点的民办教育机构,一律终止招收文凭考试学生",虽本年度民办高等教育的人数有所下降,但这一政策有利于推动民办高等教育依法办学和规范管理。2017 年教育部统计公报显示,民办高校在校生 628.46 万人,其中硕士研究生招生 747 人,在学 1223 人。③

3. 民办高等教育的办学层次和结构

从现有的民办高等教育的层次来看,各省情况大致一样,基本分为普通二本、

---

①2017 年全国教育事业统计公报. 中华人民共和国教育部,http://www.moe.gov.cn/jyb_sjzl/sjzl_fztjgb/201807/t20180719_343508.html

②方芳. 中国民办高等教育发展之考析. 中国高等教育,2017,(3).

③2017 年全国教育事业统计公报. 中华人民共和国教育部,http://www.moe.gov.cn/jyb_sjzl/sjzl_fztjgb/201807/t20180719_343508.html.

独立学院和高职专科三个层次。随着民办高等教育的不断发展,不仅表现为整体规模在平稳扩大,还表现在办学层次的不断提升。2009—2013 年期间,我国民办高校的办学层次有了明显提升,具体表现在较之专科层次的情况,本科层次的毕业生数、招生数和在校生数的绝对数量均呈逐年递增趋势。从教育部发布的 2017 年教育统计公报可以得到一样的结论。2017 年全国共有民办高校 735 所,其中本科院校有 492 所,占比 66.7%。

(三)民办高等教育作用概述

民办高等教育的发展,逐渐成为中国高等教育的一个重要组成部分。近年来已经涌现出一批艰苦创业、规范办学的典型,为教育的改革和发展提供了新鲜的经验,为经济建设和社会发展培养了一批急需的适用人才。它正在发挥的作用和产生的积极影响主要是:

从拉动投资和内需看,民办高等教育吸引了大量非财政性教育投资,有效扩大了内需,有力促进了社会的和谐发展。首先表现为民办高等教育的发展有效地增加了我国高等教育资源的总量,在高等教育大众化的道路上做出了不可磨灭的贡献;其次是民办高等教育的兴起,促进了我国高等教育投资主体的多元化和资金来源的多样化,推动了教育投融资体制的改革。由施一公担任校长的西湖大学(西湖高等研究院)更是起到了良好的示范作用。

从扩展教育机会看,民办高等教育较好地满足了人民群众多样化的教育需求,有力地推进了我国高等教育事业公平与均衡发展。在众多的民办高校中,绝大多数都是为了满足城乡一般收入居民子女就读需要的大众性学校。虽然民办高校的学费总体均高于公办高校,但随着民办高校教育质量的不断提升和管理的逐渐规范化也逐渐得到了社会的理解。

从推进教育体制改革看,民办高等教育的发展直接推动了多元办学格局的形成,促进了政府部门由包揽大量公共服务产品提供的"万能型政府"向"有限目标政府"的转变。民办高等学校灵活的办学体制,以及由此所具有的相对自主性,正在有力地呼唤并促进政府职能转变,要求政府部门必须更加注重宏观管理,在政策引导、行政监管和专业服务上下功夫,尽可能将一些专业性、技术性强的工作转交给市场或社会来完成,从而从包揽一切教育公共服务产品的提供,转向将其中部分公共产品委托给社会提供,以及直接或间接从社会购买服务。

二、湖南民办高等教育发展概况

(一)湖南民办高等教育发展历史回顾

湖湘文化源远流长,具有厚重的历史底蕴。湖湘文化注重经世致用、敢为人先。以岳麓书院为代表的古代私立高等书院教育声名远播,影响深远;以时务学堂为代表的近代高等新式学堂朝气蓬勃,人才辈出。湖南自古以来重视文化教育事业,当改革开放劲风拂遍三湘四水之时,湖南锐意改革之士勇立时代潮头,掀起了创办湖南民办高等教育事业的热潮。

湖南民办高等教育事业的发展走过了40年的风雨历程,结合湖南民办高等教育在政策环境、发展速度、办学规模和办学形式等方面的发展特征,可以将其发展过程大致划分为四个阶段。

1. 复苏起步期(1978—1991年)

开展"实践是检验真理的唯一标准"大讨论以后,党的拨乱反正吹散了笼罩着中国大地的乌云。随之,中国教育的春天已经来到,尤其恢复高考,更加推动了教育的改革开放。有志之士于1978年10月率先在全国办起了高考文化课补习班,后来发展为湖南长沙中山业余大学(湖南中山进修大学)。据考证,这是当时我国的第一所民办性质的学校。[①] 1979年2月湖南一批富有远见的人创办了一个会计培训机构,后发展为湖南中山财经进修学院。1980年,著名科学家、教育家乐天宇回到了家乡湖南省宁远县九嶷山创办了"九嶷山学院",开中国民办大学之先河,也是现代湖南民办高等教育之肇始。2002年6月,全国民办高校委授予该校"新中国第一所民办高校"称号;2005年3月经专家评估、湖南省人民政府批准、教育部备案,正式批准该校更名为"湖南九嶷山职业技术学院"。以上三所民办学校的创办,标志着湖南民办高等教育事业的复苏。

2. 壮大成长期(1992—1999年)

1992年,邓小平同志南行,一路发表的重要讲话,为我党澄清并解决了社会主义发展的若干理论问题,强调"发展才是硬道理",提出"不争论,大胆地试,大胆地闯",并多次与中央书记处的同志讨论教育问题,重申我国发展教育要坚持公办和民办"两条腿走路"的办学方针,要鼓励民办教育、支持民办教育。1992年党的十四大也重点提出:"鼓励多渠道、多形式社会集资办学和民间办学,改变国家包办教育的做法。"湖南省借势发力,省委、省政府高度重视,一系列重要举措相继出台:

---

①张学军.湖南民办教育发展报告.当代教育论坛,2010,(8).

1993年制定了《关于社会力量办学管理条例》和《关于社会力量办学若干问题的暂行规定》、1994年制定了《民办学校审批暂行规定》、1996年制定了《湖南省社会力量和非医学院校办医学教育管理的办法》和《湖南社会力量办学年检评估方案》、1997年制定了《关于社会力量办学单位专业技术人员评聘专业技术职务的意见》、1998年制定了《湖南职业培训机构申领〈社会力量办学许可证〉的办法》。1996年湖南省教委又专门设立了社会力量办学处，地市州、县市区也相应设立了专门机构。政府设立民办教育管理部门，这在全国属首创。1999年4月9日又成立了湖南省民办教育协会，这在全国也是第一家。

1999年9月16日，全国民办教育改革和发展专题现场研讨会在湖南召开，教育部有关领导，省委、省政府有关领导，全国各省市代表，全国有关教育各科研部门和有关大学专家共260多人参加了会议，这样的会议规格和规模在全国民办教育的发展史上也是空前的。这次研讨会的召开，及大地鼓励了湖南的民办教育事业，当然也促进了湖南民办高等教育事业的发展。

3. 规范发展期(2000—2012年)

这个时期，是湖南制定民办教育有关法律法规和政策最多的时期，同时出台多项有关高等教育的法律法规，促进了湖南民办高等教育的发展。2001年11月27日下发了《湖南省社会力量办学管理暂行办法》。2002年《中华人民共和国民办教育促进法》的颁布和2004年《中华人民共和国民办教育促进法实施条例》颁布，真正促进了湖南民办高等教育的发展。2002年5月24日湖南省下发了《关于加快发展民办教育的通知》，2006年11月30日下发了《湖南省实施〈中华人民共和国民办教育促进法〉办法》、2008年1月7日下发了《湖南省人民政府关于促进民办教育发展的决定》。尤其是《湖南省人民政府关于促进民办教育发展的决定》和《关于进一步明确民办高校国家助学贷款工作有关事项的通知》真正解决了过去争议比较大的民办教育性质问题。

这一时期湖南民办高等教育得到了长足发展，特别是以长沙医学院和湖南涉外经济学院为代表的湖南民办高等学校起到了示范引领作用。长沙医学院1989年创建于湖南衡阳，其前身为湘南中等卫生职业技术学校，1996年更名为湘南卫生中等专业学校，1999年升格为湘南医学高等专科学校，2001年校本部迁至长沙市，2005年经教育部批准升格为长沙医学院，2011年通过教育部本科教学工作合格评估，也是湖南民办高等学校中第一所通过教育部本科教学工作合格评估的学校。湖南涉外经济学院创建于1997年，原名“湘南文理专修学院”；1998年迁址长沙市岳麓区麓谷园，更名为“湖南涉外经济学院(筹)”；2000年经湖南省人民政府批准设置为高职专科学校；2005年经教育部和湖南省人民政府批准，升格为本科院校。

4. 法治发展期(2013—至今)

十八大以来,中国特色社会主义进入新时代,2014 年党的十八届四中全会召开,这次会议是第一次以法治建设为主题的中央全会;审议通过了《中共中央关于全面推进依法治国若干重大问题的决定》。从此按下了全面依法治国的快进键,让法治中国建设进入快车道,湖南民办高等教育发展也迈上了法治化大道。

2016 年国务院出台《关于鼓励社会力量兴办教育促进民办教育健康发展的若干意见》,以分类管理为突破口,实行非营利性和营利性分类管理,同时加强了党对民办高校的领导。2017 年 11 月 19 日,教育部在武汉召开全国民办高校党建工作推进会,学习贯彻习近平新时代中国特色社会主义思想,研究部署进一步加强民办高校党建工作的举措和安排。湖南省一直重视民办高校的党建工作,早从 2007 年起就向民办高等学校派驻党委书记,以确保社会主义的办学方向,虽然在中途一度有所弱化,但从 2015 年开始进一步加强了民办高校党委书记派驻工作,实现了民办高校党委书记派驻全覆盖。

2016 年 11 月 7 日,第十二届全国人民代表大会常务委员会第二十四次会议通过了《关于修改〈中华人民共和国民办教育促进法〉的决定》,自 2017 年 9 月 1 日起施行。其中,"分类管理原则"成为最大的亮点,再一次强调民办教育事业属于公益性事业,是社会主义教育事业的组成部分。国家对民办教育实行积极鼓励、大力支持、正确引导、依法管理的方针。各级人民政府应当将民办教育事业纳入国民经济和社会发展规划。2018 年 2 月,湖南省人民政府办公厅发布《关于同意建立湖南省民办教育工作厅际联席会议制度的复函》,标志着湖南民办高等教育的发展得到了全省的关注。联席会议提出鼓励社会力量兴办教育,促进民办教育健康发展,落实国家和湖南省鼓励扶持民办教育发展的政策措施,为湖南民办高等教育发展保驾护航。

(二)湖南民办高等教育发展现状

在经过 40 年的发展后,湖南民办高等教育已经成为促进湖南经济社会发展的一支重要的力量,已经被社会所认可,在新时代,正在朝着法治化的道路不断前进。

1. 湖南民办高等学校总数

表 2-1　湖南民办高校统计表

序号	院校名称	办学层次	属地
1	长沙医学院	普通二本	长沙
2	湖南涉外经济学院	普通二本	长沙
3	湖南应用技术学院	普通二本	常德
4	湖南信息学院	普通二本	长沙

续表2-1

序号	院校名称	办学层次	属地
5	湖南交通工程学院	普通二本	衡阳
6	湘潭大学兴湘学院	独立学院(三本)	湘潭
7	湖南工业大学科技学院	独立学院(三本)	株洲
8	湖南科技大学潇湘学院	独立学院(三本)	湘潭
9	南华大学船山学院	独立学院(三本)	衡阳
10	湖南商学院北津学院	独立学院(三本)	长沙
11	湖南师范大学树达学院	独立学院(三本)	长沙
12	湖南农业大学东方科技学院	独立学院(三本)	长沙
13	中南林业科技大学涉外学院	独立学院(三本)	长沙
14	湖南文理学院芙蓉学院	独立学院(三本)	常德
15	湖南理工学院南湖学院	独立学院(三本)	岳阳
16	衡阳师范学院南岳学院	独立学院(三本)	衡阳
17	湖南工程学院应用技术学院	独立学院(三本)	湘潭
18	湖南中医药大学湘杏学院	独立学院(三本)	长沙
19	长沙理工大学城南学院	独立学院(三本)	长沙
20	吉首大学张家界学院	独立学院(三本)	张家界
21	长沙南方职业学院	高职专科	长沙
22	潇湘职业学院	高职专科	娄底
23	湖南九嶷山职业技术学院	高职专科	永州
24	湖南软件职业学院	高职专科	湘潭
25	湖南都市职业学院	高职专科	长沙
26	湖南电子科技职业学院	高职专科	长沙
27	湖南高尔夫旅游职业学院	高职专科	常德
28	湖南工商职业学院	高职专科	衡阳
29	湖南三一工业职业技术学院	高职专科	长沙
30	湖南吉利汽车职业技术学院	高职专科	湘潭
31	湖南外国语职业学院	高职专科	长沙

截至2017年12月,湖南共有高校124所,民办高校31所(其中普通二本5所,独立学院15所,高职专科11所),占比25%。5所普通二本学校中,长沙医学院和湖南涉外经济学院是在2005年升格为二本的,湖南信息学院、湖南交通工程学院、湖南应用技术学院均为2014年升本。长沙医学院率先在2011年通过教育

部本科教学工作合格评估，湖南涉外经济学院 2015 年通过教育部本科教学工作合格评估。长沙医学院于 2015 年通过临床医学专业评估。

湖南民办高等教育在 2002 到 2003 年间获得了跨越式发展。这主要是通过独立学院的设置来实现的。湖南的一本院校中，除中南大学和湖南大学没有设置独立学院外，其他学校都成立了独立学院。到 2006 年，湖南已经设立独立学院 15 所。2006 年后，湖南民办高校的创建放缓，湖南最新创建的民办高校是湖南吉利汽车职业技术学院。

2. 民办高等教育在校生数

表 2-2　湖南高等教育在校生数、民办高等教育在校生数对照表

年份	全省高校数	全省高校在校生数	民办高校数	民办高校在校生数
2014	124	113. 63 万	31	22. 15 万
2015	124	118. 06 万	31	22. 44 万
2016	124	122. 50 万	31	22. 62 万
2017	124	127. 32 万	31	22. 80 万

数据来源：湖南省教育厅网站公布的 2014 年、2015 年湖南省教育统计公报；2015 年、2016 年、2017 年湖南省各类教育事业发展概况。

从统计公报可知，湖南高校数和民办高校数在近几年都没有发生变化，但在校生人数是逐年增长的，全省每年大概增长 5 万人，民办高校每年大概增长 0. 25 万人，但民办高校在校生人数增长率从 2016 年到 2017 年是下降的。2014 年到 2017 年民办高校在校生人数与全省高校在校生人数的占比分别为 19. 5%，19%，18. 5%，18%，每年以 0. 5 个百分比在下降。

3. 湖南民办高等教育的办学层次和结构

湖南民办高等教育的办学层次分为三个等级，一是普通二本，包括长沙医学院、湖南涉外经济学院、湖南信息学院、湖南应用技术学院、湖南交通工程学院 5 所通过教育部升格为本科的学校；二是三本学校，包括湖南师范大学树达学院等的 15 所独立学院；三是高职专科，共 11 所。从几组数据来看，普通二本占比 16%，三本占 48%，高职专科占 36%。

2018 年 8 月 8 日，湖南省教育厅、省发改委、省科技厅、省财政厅、省人社厅和省政府学位委员会下发《关于公布立项建设新增博士、硕士学位授予单位公示结果的通知》，长沙医学院获审通过硕士学位授予立项建设单位。这是湖南民办高等教育一个新的里程碑，为湖南民办高等教育的办学层次提升了一个档次。

（三）湖南民办高校作用概述

湖南民办高等教育一路筚路蓝缕，民办高等教育举办者呕心沥血，为推进湖南的高等教育事业不遗余力,创造了湖南民办高等教育的一个又一个奇迹,民办高等教育已经成为推进湖南高等教育大众化的重要力量,为湖南的经济社会发展做出了重要贡献。

1. 满足了民众对高等教育的多样性选择

湖南人口众多,虽然到2017年湖南拥有93所公办高校,但还是不能满足人民的需求,特别是随着中国特色社会主义进入新时代,高等教育大众化的持续推进,人民对教育的美好需要进一步加强,因此,民办高等教育在一定程度上满足了公众的需求,完成了诸多学子进入高校求学的美好愿望。湖南民办高等学校所开设的专业,除特别和特殊行业的专业外,几乎涵盖了所有的专业,满足了人民对高等教育专业的需求。

2. 为一部分学生提供了上普通二本的机会,改变了不少青年学子的命运

由于各种原因,每年都有许多青年学子考试结果不尽如人意,但受市场需求的制约和传统观念的影响,上普通二本学校成为一部分家长和学生的追求,但公办二本学校的招生人数有限,因而限制了不少学生。湖南省教育厅和湖南省教育考试院根据这一现实情况,在民办高校实施第一志愿未招满的前提下降低20分录取的政策,使得不少家长和学生实现了上普通二本学校的愿望,客观上促进了社会的和谐。

3. 培养了一大批对社会有用的毕业生

湖南民办高等教育所开专业涉及社会经济发展的各个方面,40年来,湖南民办高等教育保守估计为社会提供了500万以上的毕业生,这些毕业生60%在三湘大地上扎根,服务各个行业。以长沙医学院为例,自1989年建校以来,为社会提供医学人才近20万名,在湖南各医院工作的人数达10万人以上,为湖南人民的健康事业做出了重大贡献。

4. 为社会提供了大量工作岗位

民办高等教育事业的发展,大量的人才献身民办高等教育,为社会提供了大量的工作岗位,民办高等教育在自身得到发展的同时,也为湖南的就业工作做出了重要贡献。以湖南5所普通民办二本学校来看,教职工总数近4000人,15所独立学院教职工近6000人,11所高职专科学校教职工近4000人,湖南民办高等学校的教职工总数近15000人。

三、民办高等教育比较研究

民办高等教育的发展与经济、人口、观念、管理、文化、地理位置等众多因素有关,全国各地呈现出不同的状态。整体而言,东部地区相对发达,特别是沿海省份

开放意识更强，民办高等教育事业起步较早，取得了不菲的成绩；中部地区则基本均衡，整体上略输于东部；西部整体较弱，但陕西是特例，走出了一条了不起的发展之路。为探究民办高等教育各项因素的影响及比较全面地探究民办高等教育的发展现状，为湖南民办高等教育可持续发展提供借鉴，笔者特选择了东部的广东、中部的江西和西部的陕西与湖南进行比较研究。

（一）广东和湖南民办高等教育比较研究

民办教育规模全国第一的广东面积和湖南相差不大，并且衣带相连。湖南素以历史底蕴深厚的湖湘文化自居，秉承“惟楚有才于斯为盛”的豪气，敢于天下先。广东得开风气之先，开放创新。两省在民办高等教育的发展道路上，各有千秋，各具特色，为了更加清晰地比较两省的民办高等教育，以期得到更为准确的结果，列表如下：

表 2-3　广东省民办高校基本信息（共 50 所）

院校名称	学校属性	地区	建校日期	院校名称	学校属性	地区	建校日期
广东白云学院	本科	广州市	1989 年	广东新安职业技术学院	专科	深圳市	1998 年
电子科技大学中山学院	本科	中山市	1986 年	广州康大职业技术学院	专科	广州市	2003 年
广东培正学院	本科	广州市	1993 年	珠海艺术职业学院	专科	珠海市	2003 年
广东东软学院	本科	佛山市	2002 年	广东岭南职业技术学院	专科	广州市	2001 年
华南理工大学广州学院	本科	广州市	2006 年	广东亚视演艺职业学院	专科	东莞市	2000 年
广州大学华软软件学院	本科	广州市	2002 年	广州涉外经济职业技术学院	专科	广州市	2004 年
中山大学南方学院	本科	广州市	2006 年	广州南洋理工职业学院	专科	广州市	1984 年
广东外语外贸大学南国商学院	本科	广州市	1996 年	广州科技职业技术学院	专科	广州市	1999 年
广东财经大学华商学院	本科	广州市	2006 年	惠州经济职业技术学院	专科	惠州市	2004 年
广东海洋大学寸金学院	本科	湛江市	1999 年	广东工商职业学院	专科	肇庆市	1996 年

续表2-3

院校名称	学校属性	地区	建校日期	院校名称	学校属性	地区	建校日期
华南农业大学珠江学院	本科	广州市	2006 年	广州现代信息工程职业技术学院	专科	广州市	2005 年
广东技术师范学院天河学院	本科	广州市	2001 年	广州华南商贸职业学院	专科	广州市	2005 年
北京师范大学珠海分校	本科	珠海市	2001 年	广州华立科技职业学院	专科	广州市	1999 年
广东工业大学华立学院	本科	广州市	1999 年	广州珠江职业技术学院	专科	广州市	2006 年
广州大学松田学院	本科	广州市	1998 年	广州松田职业学院	专科	广州市	2007 年
广州商学院	本科	广州市	1997 年	广东文理职业学院	专科	湛江市	1989 年
北京理工大学珠海学院	本科	珠海市	2004 年	广州城建职业学院	专科	广州市	1960 年
吉林大学珠海学院	本科	珠海市	2004 年	广东南方职业学院	专科	江门市	2009 年
广州工商学院	本科	广州市	1995 年	广州华商职业学院	专科	广州市	2009 年
广东科技学院	本科	东莞市	2003 年	广州华夏职业学院	专科	广州市	1989 年
广东理工学院	本科	肇庆市	1995 年	广州东华职业学院	专科	广州市	2011 年
东莞理工学院城市学院	本科	东莞市	2004 年	广东创新科技职业学院	专科	东莞市	2011 年
中山大学新华学院	本科	广州市	2005 年	广东信息工程职业学院	专科	肇庆市	2012 年
潮汕职业技术学院	专科	揭阳市	1999 年	广东碧桂园职业学院	专科	清远市	2014 年
私立华联学院	专科	广州市	1990 年	广东酒店管理职业技术学院	专科	东莞市	2016 年

资料来源：民办高等教育发展报告(广东 2018) http://www.gzgddi.com/index.php?m=content&c=index&a=show&catid=17&id=154

表 2-4　湖南与广东民办高校对比表

	湖南	广东
面积(万平方千米)	21. 18	17. 97
人口总数	6822 万	1. 10 亿
高校总数	124	139
民办高校总数	31	50
民办本科	20	23
民办专科	11	27
公办本科	31	41
独立学院	15	14

根据上表可知：

1. 两省高校数量对比

首先，从高校总数来看，广东比湖南多 15 所，但如果依据高校数与总人口数的比率来看，湖南为 55 万人/所，广东为 79 万人/所，湖南的高校密度大于广东，当然这仅考察绝对值，而不考虑每所高校的在校生人数。这与广东人口密度 612 人/平方千米大于湖南 322 人/平方千米有关。

其次，从民办高校总数来看，广东比湖南多 19 所，这个绝对差距还是比较大的，但从人口总数与民办学校的比率来看却是非常接近的，均为 220 万/所。从本科、专科分开来看，广东民办本科只比湖南多 3 所，专科却比湖南多 16 所，这说明广东民办高等教育在专科办学层次比较突出。从另一个方面来看，湖南独立学院数量却反而超过广东，这说明湖南的公办学校对独立学院的开办热度较高。

最后，两省民办高等教育在地域分配上均呈现出不平衡性。广东省民办院校数量最多的是广州市，共有 29 所，占 58%。湖南民办高校数量最多的是长沙市，共有 14 所，占 45%。广东省的绝大部分民办高校位于珠江三角洲地区，占比为 92%。湖南省的民办高校大多位于长株潭地区，占比为 64. 5%。相比较而言，广东的集聚效应更加明显。

2. 两省民办教育政策对比

首先，两省均较为重视民办高等教育的发展。从两省教育厅官网可以看出，均发布了不少促进民办高等教育发展的文件。湖南省教育厅官网的职能机构特别分出了民办教育处，显示了主管者对民办教育的重视，广东省教育厅却没有单列民办教育处。湖南省教育厅民办教育处专司湖南民办教育工作，集中管理，提高了工作的针对性和有效性。

其次,两省均有不少促进民办高等教育发展的举措。从2006年到2013年,湖南省相继颁布《湖南省实施〈中华人民共和国民办教育促进法〉办法》《湖南省人民政府关于促进民办教育发展的决定》《湖南省民办教育发展专项资金管理办法》,保障民办高等教育的各项权益。特别值得一提的是从2008年起,湖南省财政在教育事业经费之外,每年安排民办教育发展专项资金500万元,不仅在观念上重视民办高等教育的发展,而且落实在了实际行动上,进一步促进了湖南民办高等教育的可持续发展。从2009年到2018年,广东省相继出台《广东省实施〈中华人民共和国民办教育促进法〉办法》《广东省人民政府办公厅转发省教育厅关于促进民办教育规范特色发展意见的通知》《广东省人民政府关于鼓励社会力量兴办教育促进民办教育健康发展的实施意见》,在土地使用、规划建设、金融信贷、设置审批、奖励评定、资金扶持、项目安排、人才引进、师资建设等方面实行优惠政策。值得一提的是,广东省每年定期专题研究解决民办教育发展遇到的困难和问题。① 从2018年开始单列民办教育政策研究课题,这将极大地促进民办教育的研究工作,对民办高等教育的可持续发展影响深远。②

3. 评价

将湖南和广东进行对比是基于以下因素:第一,湖南和广东相邻;第二,湖南和广东都是人口大省;第三,湖南和广东都有鲜明的文化特征;第四,湖南和广东的民办高等教育在全国来说都是排位在前的,特别是广东被称为中国民办教育第一的省份。从比较结果来看,由于广东位处改革开放的前沿之地,得风气之先,对民办高等教育的影响要比湖南深远。首先从绝对数量上广东民办高校多于湖南民办高校。其次一个不可忽视的细节是:1980年中国著名农林学家、中国农业大学第一任校长乐天宇教授在湖南永州创办了我国第一所真正意义上的民办大学——九嶷山学院,到2012年湖南吉利汽车职业技术学院创建,此后一直没有新的民办高校创办。而广东省在2012年后继续有广东碧桂园职业学院(2014年)和广东酒店管理职业技术学院(2016年)创建。第三,广东省对民办高等教育的支持力度高于湖南,从民办教育专项扶助资金可以窥见一斑。湖南的民办教育专项资金是每年500万,到2017年仍然是每年500万。而广东从2009年的3000万,已经增加到2017年的6600万。③

①http://zwgk.gd.gov.cn/006939748/201307/t20130723_383729.html

②广东省教育厅关于组织广东省教育科学"十三五"规划2018年民办教育政策研究课题(第一批)申报评审工作的通知,http://zwgk.gd.gov.cn/006940116/201802/t20180214753457.html

③关于2017年教育发展专项资金(民办教育发展用途)安排方案的公示,http://www.gdczt.gov.cn/zwgk/ggtz/201702/t20170217_821963.htm

（二）湖南和江西民办高等教育比较研究

江西与湖南一衣带水。赣文化历史悠久,《滕王阁序》声名远扬,江西又是红色革命的摇篮,虽地处中部却重视教育。湖南屈贾文化底蕴丰厚,《岳阳楼记》蜚声中外。同处中部的湖南和江西在民办高等教育方面具有比较意义。

表 2-5 江西民办高校基本信息(31 所)

院校名称	学校属性	地区
江西科技学院	本科	南昌市
江西工程学院	本科	新余市
南昌理工学院	本科	南昌市
江西应用科技学院	本科	南昌市
江西服装学院	本科	南昌市
南昌工学院	本科	南昌市
南昌大学科学技术学院	本科	南昌市
南昌大学共青学院	本科	九江市
华东交通大学理工学院	本科	南昌市
东华理工大学长江学院	本科	抚州市
南昌航空大学科技学院	本科	南昌市
江西理工大学应用科学学院	本科	赣州市
景德镇陶瓷大学科技艺术学院	本科	景德镇市
江西农业大学南昌商学院	本科	南昌市
江西中医药大学科技学院	本科	南昌市
江西师范大学科学技术学院	本科	南昌市
赣南师范大学科技学院	本科	赣州市
江西科技师范大学理工学院	本科	南昌市
江西财经大学现代经济管理学院	本科	南昌市
江西科技职业学院	专科	南昌市
南昌职业学院	专科	南昌市
江西先锋软件职业技术学院	专科	南昌市
赣西科技职业学院	专科	新余市
江西新能源科技职业学院	专科	新余市
江西枫林涉外经贸职业学院	专科	九江市

续表2-5

院校名称	学校属性	地区
江西泰豪动漫职业学院	专科	南昌市
江西工商职业技术学院	专科	南昌市
景德镇陶瓷职业技术学院	专科	景德镇市
共青科技职业学院	专科	九江市
江西洪州职业学院	专科	宜春市
南昌影视传播职业学院	专科	南昌市

表 2-6　湖南、江西民办高校对比表

	湖南	江西
面积(万平方千米)	21.18	16.69
人口总数(万)	6822	4592
高校总数	124	100
民办高校总数	31	31
民办本科	20	19
民办专科	11	12
公办本科	31	22
独立学院	15	13

资料来源:教育部,2017 年江西省高校名单(附 100 所高校名单)　http://gaokao.koolearn.com/20170615/1112689.html

根据上表可知:

1. 两省高校数量对比

首先,从高校总数来看,湖南比江西多 24 所,但如果依据高校数与总人口数的比率来看,湖南为 55 万人/所,江西为 46 万人/所,江西的高校密度大于湖南,排除生均在校人数因素,考虑两省经济在全国的排名来看,湖南应该存在不足。江西人口密度 275 人/平方千米小于湖南 322 人/平方千米。因此,总体上而言,江西的民办高等教育比湖南发达。

其次,从民办高校总数来看,两省持平,但从人口总数与民办学校的比率来看,湖南为 220 万/所,江西为 148 万/所,江西的民办高校覆盖率要高。从本科、专科分开来看,湖南民办本科只比江西多 1 所,专科江西反而比湖南多 1 所,两省没有明显区别。从另一个方面来看,湖南独立学院数量只比江西多 2 所,湖南独立学院与公办本科的比率为0.48，江西为0.59，江西高于湖南。江西设置独立学院的积极性高于湖南。

最后，两省民办高等教育在地域分配上均呈现出不平衡性。江西省民办院校数量最多的是南昌市，共有19所，占61%；湖南民办高校数量最多的是长沙市，共有14所，占45%，可见江西民办高校地域集中性更强。江西省的绝大部分民办高校位于环鄱阳湖地区（南昌、九江、景德镇），占比为77%。湖南省的民办高校大多位于长株潭地区，占比为64.5%。相比较而言，江西的集聚效应大于湖南。

2. 两省民办教育政策对比

首先，两省均较为重视民办高等教育的发展。湖南、江西两省的教育厅官网都有民办教育的专职管理部门，湖南省直接设立民办教育处，江西省挂靠在发展规划处下，但在官网醒目位置予以标明，这说明两省的教育管理者从观念上都比较重视本省的民办高等教育。

其次，从两省教育厅官网发布的有关民办高等教育的文件法规来看，两省均对民办高等教育予以高度重视。湖南省颁布的相关法律和规范性文件前面已经列举，不再赘述。从2006年到2018年，江西省相继出台《江西省民办教育促进条例》（2006年）、《中共江西省委、江西省人民政府关于进一步加强和改进民办普通高等学校工作的若干意见》（2007年）、《民办教育收费管理暂行办法》（2012年）、《江西省人民政府关于鼓励社会力量兴办教育促进民办教育健康发展的实施意见》（2018年），建立江西省民办教育工作部门联席会议制度（2018年）。前列相关法律法规在各个方面对民办高等教育的发展实行优惠。《江西省中长期教育改革和发展规划纲要（2010—2020年）》中明确提出改善民办教育发展环境、健全公共财政对民办教育的扶持政策、完善独立学院管理运行机制等三大保障措施，促进了江西民办高等教育的发展。

3. 评价

湖南和江西同为中部省份，两省都有底蕴深厚、历史悠久的文化，自古以来就崇尚学术文化，但处于内陆的省份与沿海省份在得风气之先方面略受影响。教育是强省之本，因此，在改革春风劲吹全国之后，两省的民办高等教育事业也迎来了蓬勃发展。湖南、江西在社会、经济、文化等方面均有相似之处，比较两省的民办高等教育的发展，可互通有无，扬长避短，促进民办高等教育的可持续发展。从上述比较来看，相对来说两省都没有明显的比较优势，但在具体的方面还是存在差异。

首先，若简单地从人口和经济水平全国排位来看，从数量上来说湖南的民办高等教育要大于江西，因为教育的发展离不开人口和经济的支撑。但统计结果显示两省民办高校的数量均为31所，则从侧面反映了江西的民办高等教育事业水平高于湖南。

其次,从政府财政支持来看,江西的力度大于湖南。在 2017 年各省经济总量排位中,湖南以 34590.56 亿排名全国第九,江西以 20818.50 亿排名第十六。[①] 但江西从 2011 年开始的《江西省民办教育发展专项资金管理办法(试行)》规定:省财政设立民办教育发展专项资金,用于补助和奖励各级各类民办学校。2011 年专项资金为 1500 万元,以后逐年增加。而湖南省每年只有 500 万元,这也就从另一个方面印证了江西民办教育较为发达的事实。

最后,在创建高水平、可持续民办高等教育的战略上,江西省民办高等教育管理部门看得更远。在《江西省中长期教育改革和发展规划纲要(2010—2020 年)》中明确提出:"力争 2 至 3 所民办高等学校办学水平在全国同类民办高等学校中名列前茅""支持和促进民办高等学校在省级科学研究平台、重点学科建设以及研究生教育等方面取得突破"。而湖南在民办高等教育研究生教育方面的突破主要是在民办高校自身,只有长沙医学院在这个方面率先发力,并起到了示范引领的作用。

(三)湖南和陕西民办高等教育比较研究

陕西深处内陆,但西安为十三朝古都,交融中西,丝路文化更是盛极一时,秦始皇兵马俑极负盛名,令中外游客叹为观止。湖南文化源远流长,马王堆汉墓蜚声中外,敢为天下先的湖湘文化声名远播。都具有深厚文化传统的两省在改革的视角下民办高等教育事业的发展值得比较。

表 2-7 陕西民办高校基本信息(30 所)

院校名称	学校属性	地区
西安培华学院	本科	西安市
西安欧亚学院	本科	西安市
西安外事学院	本科	西安市
西安翻译学院	本科	西安市
西京学院	本科	西安市
西安思源学院	本科	西安市
陕西国际商贸学院	本科	咸阳市
陕西服装工程学院	本科	咸阳市
西安交通工程学院	本科	西安市

①2017 年各省 GDP 排名榜单一览表, http://www.360doc.com/content/18/0424/09/1360322_748269480.shtml

续表2-7

院校名称	学校属性	地区
西安交通大学城市学院	本科	西安市
西北大学现代学院	本科	西安市
西安建筑科技大学华清学院	本科	西安市
西安财经学院行知学院	本科	西安市
陕西科技大学镐京学院	本科	咸阳市
西安工业大学北方信息工程学院	本科	西安市
延安大学西安创新学院	本科	西安市
西安电子科技大学长安学院	本科	西安市
西北工业大学明德学院	本科	西安市
长安大学兴华学院	本科	西安市
西安理工大学高科学院	本科	西安市
西安科技大学高新学院	本科	西安市
西安高新科技职业学院	专科	西安市
西安城市建设职业学院	专科	西安市
陕西电子信息职业技术学院	专科	西安市
西安海棠职业学院	专科	西安市
西安汽车科技职业学院	专科	西安市
西安东方亚太职业技术学院	专科	西安市
陕西电子科技职业学院	专科	西安市
陕西旅游烹饪职业学院	专科	西安市
西安医学高等专科学校	专科	西安市
西安翻译学院	本科	西安市

表2-8 湖南与陕西民办高校对比表

	湖南	陕西
面积(万平方千米)	21.18	20.56
人口总数(万)	6822	3813
高校总数	124	95
民办高校总数	31	30

续表2-8

	湖南	陕西
民办本科	20	21
民办专科	11	9
公办本科	31	33
独立学院	15	12

根据上表可知：

1. 两省高校数量对比

首先，从民办高校总数来看，两省不分上下，湖南为31所，陕西为30所。但如果依据高校数与总人口数的比率来看，湖南为55万人/所，陕西为40万人/所，整体上说，陕西的高校覆盖率要高于湖南。陕西的人口密度185人/平方千米，湖南为322人/平方千米，同样验证陕西高校的覆盖率高于湖南。从以上两个因素考虑，陕西高等教育比湖南高等教育相对发达，这同样与陕西赢得“民办高等教育高地”的称号相符。

其次，从民办高校总数来看，陕西和湖南看不出差距，但从人口总数与民办学校的比率来看却差距较大，湖南均为220万人/所，陕西为127万人/所，显然陕西民办高等教育覆盖率高于湖南。从本科、专科分开来看，湖南民办本科比陕西少1所，湖南民办专科比陕西多2所，这说明陕西民办高等教育办学层次略高于湖南，西京学院是首批获得硕士研究生招生资格的全国5所民办高校之一，这也从另一个方面验证了这个事实。

最后，两省民办高等教育在地域分配上均呈现出不平衡性。陕西省民办院校具有高度集中性，省会西安市共有28所民办高校，占民办高校的比例高达93%。湖南民办高校数量最多的是长沙市，共有14所，占45%。陕西民办高校的分布只有两个城市：西安和咸阳，本身西安和咸阳相距很近，这与西北地区政治、文化、经济相对集中的省情有关。湖南省的民办高校大多位于长株潭地区，占比为64.5%。相比较而言，陕西具有高集聚性，这也是西部民办高等教育的一个特色。

2. 两省民办教育政策对比

首先，两省均较为重视民办高等教育的发展。从两省教育厅官网可以看出，均发布了不少促进民办高等教育发展的文件，两省在教育厅官网都专设了民办教育处，专门负责本省的民办教育事业。

其次，陕西促进民办高等教育发展的政策更有力度。虽然两省均有不少促进民办高等教育发展的举措，但陕西力度更大。从2010年到2018年，陕西省相继出台《陕西省民办教育促进条例》《陕西省民办教育促进法实施条例》《陕西省人民政府关于进一步支持和规范民办高等教育发展的意见》《陕西省民办普通高校、独立学院年度检查实施办法(试行)》《陕西省民办学校分类登记实施办法》,在各项具体的政策上予以扶持,同时给予民办高等教育更大的自主权,扩大了民办高等教育的发展空间,使得民办高等教育的举办者放开了手脚,发挥了自主能动性。同时通过民办教育协会这一民间组织,加强了政府和民办高等教育举办者的联系,更有利于及时解决民办高等教育在发展中遇到的各种问题,共同促进民办高等教育的发展。

最后,陕西促进民办高等教育发展的举措多于湖南。湖南民办高等教育管理者整体上比较关注民办高等教育的发展,建立了民办高等教育发展的专项扶持资金,建立了民办高校年检制度以保障民办高校依法办学,向民办高校派驻党委书记加强党对民办高校的领导工作以保障民办高校的办学方向等多项举措。而陕西的民办高校扶持政策却极具特色。一是从2011年开始实施的"放心上民校"活动,以省教育厅牵头,集中宣传民办高校。活动旨在民办教育领域牢固树立依法办学、诚信宣传、科学管理、内涵发展的意识,以优秀教育品牌、卓越教育质量赢得人民群众口碑,做到学生满意,家长放心,社会认可。二是从2012年开始实施民办高校能力提升工程,省教育厅颁布《关于实施民办高等学校能力提升工程的意见》(陕教民〔2012〕26号),从战略高度提升民办高校的整体办学水平。三是支持有条件的民办高校在国家专业目录内自主设置专业、调整专业方向、开设课程、确定教学方式,给了民办高校更大的自由。四是鼓励民办高校开展多种形式的国际交流与合作。①

3. 评价

湖南和陕西均具有厚重的文化底蕴,陕西民办高等教育得到了跨越式发展,值得湖南借鉴。陕西的民办高等教育不管是在管理者还是举办者均具有强烈的开放意识和世界眼光,不仅在民办教育的数量上在全国来说都是名列前茅的,在质量上也是首屈一指的。

第一,西京学院能够在第一批民办高校硕士学位点申报中脱颖而出,足以说明陕西的民办高等教育举办者的战略眼光,同时也体现陕西省教育厅对民办高等教育的一视同仁。西京学院获得硕士研究生教育资格是在2012年,而这时的湖南民办高等教育的本科教学评估才开始起步,而湖南第一所获得硕士研究生培养建设的高校是长沙医学院,国家学位委员会公布的时间已经是2018年,按照正常的5年建设期,2年审批期,正式开展硕士研究生教育也到了2025年了,这已经落后陕西13年之久了。

第二,办学经费是制约民办高等教育发展的一个重要因素,本来民办高等教育

①陕西省人民政府关于进一步支持和规范民办高等教育发展的意见,http://jyt.shaanxi.gov.cn/news/qitawenjian/201201/16/2732.html

在教育本质上与公办高等教育别无二致，政府对民办高等教育有一定的扶持也在情理之中，毕竟民办高等学校的学生60%以上来自本省，服务本省的毕业生也在60%以上。民办高等教育为本省的经济社会发展做出了重要贡献，公共财政当然有义务扶持公益性事业。虽然湖南也建立了民办教育专项资金，每年拨款500万，但这却是面向全省的所有民办教育事业。这一数字完全不能与陕西同日而语，陕西省财政从2012年起每年设立3亿元民办高等教育发展专项资金，重点用于民办高等教育公共服务和信息平台建设、高水平民办高校建设、改革创新、师资队伍建设、实验室和实习实训基地建设、科学研究、表彰和奖励为民办高等教育做出突出贡献的集体和个人等方面。①

综合湖南与广东、江西、陕西的民办高等教育情况，不难发现，湖南的民办高等教育依然有很大的发展空间。江西同处中部地区，却能将民办高等教育事业建设得如火如荼。从经济发展水平、人口因素等方面考察的话，江西的民办高等教育超越了湖南。而身处西北内陆的陕西能够依托厚重的文化，打破传统观念，打造中国民办高等教育的高地，并具有世界眼光，一直走在中国民办高等教育事业的前沿，值得湖南借鉴。沿海的广东以开放意识和进取精神赢得了中国民办教育领头羊的地位，民办高等教育也是可圈可点，为湖南民办高等教育可持续发展提供了许多成功的经验。

四、湖南民办高等教育持续发展的制约因素

湖南民办高等教育在改革开放之后得到了蓬勃发展，也取得了骄人的成绩，为湖南社会经济的发展做出了巨大贡献。但随着民办高校的增加，各种社会因素的影响，湖南的民办高等教育进入一个新的瓶颈期，受到传统观念的影响、政策法律的模糊、发展定位的制约、运行机制的约束等诸多制约因素的影响。

（一）传统观念的影响

观念是人们在实践当中形成的各种认识的集合体，人们会根据自身形成的观念进行各种活动。受传统教育观念的影响，特别是中国长期的公办教育对人们的影响，教育主管部门、公众对民办教育存在认识上的偏差、观念上的偏见。

1. 政府部门对民办教育重视不够，管理不当

政府部门和教育主管部门对民办高校的存在价值和重要意义认识不足，对民

①陕西省人民政府关于进一步支持和规范民办高等教育发展的意见，http://jyt.shaanxi.gov.cn/news/qitawenjian/201201/16/2732.html

办高等教育的重要性和必要性依然认识模糊、重视不够。2002 年《中华人民共和国民办教育促进法》颁布后，桃江县、常德市、娄底市分别于 2003 年和 2004 年颁布相关促进民办教育发展的决定。2006 年，湖南省人大常委会颁布《湖南省实施〈中华人民共和国民办教育促进法〉办法》后，到 2018 年已有 12 年时间，这期间湖南的教育形势、民办教育的发展都发生了巨大的变化，但却从来没有新的根据形势发展需要出台的新的法规。民办教育与公办教育的关系就像民营经济和国有经济的关系一样。随着国家的发展，民营经济的地位和作用不断凸显，国家也不断调整了民营经济与国有经济的关系，但民办高等教育和公办高等教育的关系却依然如故，这也不难看出地方政府和教育主管部门对民办高等教育的态度。甚至以“怀疑论”“多余论”“麻烦论”等心态对待。地方政府和教育主管部门对民办高等教育的发展起至关重要的作用，因为有了以上观念上的偏差，从而导致的是管理上的不重视，进而制约和影响了民办高等教育的发展。

2. 社会对民办高等教育存在偏见，认识不够

中国高等教育长期以来都是公办教育一统天下，民办高等教育的存在也只是近几十年的历史。传统的公办高等教育的影响在人们心目中根深蒂固，加之个别民办高校负面因素在社会上的影响加深了社会对民办高校的偏见。对于民办高校，许多人内心深处存在一种价值认同障碍，对民办高校持怀疑和排斥态度。价值认同与否表现为人们对事物的态度，但本质却是一种重要的社会文化现象。[①] 正因为社会对民办高等教育存在的偏见，许多家长认为送子女进民办高校是无奈之举，子女考上民办高校好像低人一等，许多学生也在潜意识里认为考上民办高校是没有办法的选择，甚至在校也不安心学习，从而影响教学质量，也在一定程度上影响了民办高校的发展。

3. 民办高校毕业生在社会上遭歧视，待遇不公

传统观念对民办高等教育的影响还表现在对民办高校毕业生的社会歧视。虽然有些民办高校在教学质量上与公办高校存在一定的差距，但这并不能成为歧视民办高校毕业生的理由。民办高校毕业生在就业、考研、公务员招录等方面均遭遇社会歧视。《中华人民共和国民办教育促进法实施条例》第十三条虽作了“保障民办学生权益”的规定，认为公办与民办学生在“……升学就业、社会优待等方面与同级同类公办学校学生享有同等权利。”看起来似乎很平等，但实现起来非常难。例如，许多地方在公务员招录，尤其是“选调生”选拔过程中，党委组织部门文件中对“三本”生明确歧视（如三本生不具备申报资格），且认为“理所当然”。类似教育部门行政规章不能解决的问题还有许多，如在研究生招录中，很多民办高校的毕业

---

①李洁. 民办高等教育发展的深层矛盾与破解之道[J]. 继续教育研究，2014(4).

生在笔试中取得不错的成绩，但在面试环节却遭遇一些歧视性政策；又如民办医学院校的毕业生在职业医师规划培训招考中，也会遭遇像不会安排大科室的“潜规则”式的歧视。

（二）政策法律的模糊

法律法规是促进民办高等教育持续、健康发展的根本保障，就国家层面来说，先后于1978年出台《关于社会力量办学的若干暂行规定》，1992年教育部出台的《关于加快教育改革和发展的若干意见》，1997年，国家颁布了《社会力量办学条例》，2002年底国家颁布《中华人民共和国民办教育促进法》，2004年颁布《中华人民共和国民办教育促进法实施条例》。2013年、2016年两次修订。2016年11月全国人大常委会通过修改了《中华人民共和国民办教育促进法》《关于加强民办学校党的建设工作的意见（试行）》（中办发[2016]78号）；《关于鼓励社会力量兴办教育促进民办教育健康发展的若干意见》（国发[2016]81号）；《关于印发〈民办学校分类登记实施细则〉的通知》（教发[2016]19号）；《关于〈营利性民办学校监督管理实施细则〉的通知》（教发[2016]20号）。

就湖南本省而言，2006年11月30日公布《湖南省实施〈中华人民共和国民办教育促进法〉办法》从2007年3月1日起实行。2008年湖南出台《湖南省人民政府关于促进民办教育发展的决定》（湘政发[2008]1号），2015年湖南省财政厅、湖南省教育厅关于印发《湖南省教育综合发展专项资金管理办法》的通知（湘财教[2015]28号），2018年3月26日至27日，教育部政策法规司副司长王大泉、发展规划司副司长田福元一行来湘专题调研《中华人民共和国民办教育促进法实施条例》（修订草案）修订工作。省教育厅应若平、唐亚武、郭建国等同志出席并主持有关会议。调研组深入省教育厅、民办学校等多家单位，组织召开民办教育管理部门、专家学者以及民办学校举办者、管理者和教师代表等专题座谈和研讨，详细了解湖南省民办教育事业发展、落实民办教育新法新政情况、民办学校师生权益保障等，充分听取各方面的意见建议，进一步增强《中华人民共和国民办教育促进法实施条例》的可行性、操作性。与会代表从本单位职能职责和本地实际情况出发，结合工作中的困难问题，积极建言献策，提出诉求和意愿，为条例的修订提供合理化建议和决策参考。民办高等教育立法一路艰辛，不断走向规范，但依然任重道远，一些根本性的问题依然难以明确界定，制约了民办高等教育的发展。

1. 法律规范不完备

一是定位不准确，给民办高校发展造成影响。“民办非企业”的定位不伦不类。无论从教育的目的、性质，还是从民办教育实际进行的教育活动来说，都与公办学校并无二致。一方面《中华人民共和国民办教育促进法》明确规定：“民办教育事业属于公益性事业，是社会主义教育事业的组成部分"，而另一方面，在民办高校税收、教师福利待遇、社会保障等方面却只能按企业标准执行。二是法定的办学自主权得不到充分的保障。《中华人民共和国民办教育促进法》第 5 条规定："民办高校与公办高校具有同等法律地位"，国家保障民办高校的办学自主权，招生自主权（第 25 条）。但湖南民办高校的招生规模、专业设置等各个方面都是在省教育厅的严格管控之下进行，这些自主权对民办高校的存在与发展至关重要。三是民办高校性质的模糊。一方面，《中华人民共和国民办教育促进法》第 3 条中规定，民办教育事业属于公益性事业，是社会主义教育事业的组成部分；另一方面，民政部制定的《民办非企业单位登记暂行办法》（1999 年）第 4 条列举了民办非企业单位的 9 种类型，教育事业为其中之一，这样，民办高校自然也是一种民办非企业单位。由此进一步说明了，按照现行法律规定，民办高校的教育固然属于教育事业，而民办高校却不属于事业单位。①

2. 政策贯彻不到位

《中华人民共和国民办教育促进法》《中华人民共和国民办教育促进法实施条例》所规定的包括设立专项资金，经费资助、税收优惠、信贷支持、奖励措施等均不能与公办高等教育一视同仁，也未出台切实可行的操作办法，制约了学校的建设和发展。民办学校教师的保险只能按企业标准执行，一方面给学校增加了很大的开支，另一方面导致教师在退休后享受的养老金只相当于公办高校同级教师的一半左右，严重影响师资队伍的稳定。法定的办学自主权得不到充分的保障。第一，不能自主设置专业与课程，民办高校同质化倾向日益严重，既影响了自身特色的形成，也削弱了市场的竞争力。第二，招生计划受到严格管制，影响了民办学校教学资源的利用效率。第三，学历教育收费仍然实行严格的审批制度。由于上述问题的存在，使得民办高校无法根据效率原则自主地进行资源的优化配置，也不能根据自己掌握和支配的外部信息及时做出预期反应和采取相应行动，造成民办高校发展的内源性动力不足。

3. 合理回报含糊不清

2016 版《中华人民共和国民办教育促进法》在出台之前，没有"营利性"和"非营利性"的明确划分，在"合理回报"上曾产生过尖锐对立和激烈论争。反对者认为"合理回报"有违上位法的"不以营利为目的"的规定；赞成者认为，"合理回报"是国家对民办学校出资人的一种鼓励和奖励措施，与营利是两回事。② 根据《中华人民共和国高等教育法》第 30 条的规定，高等学校自批准设立之日起取得法人资

---

①周云. 民办高校的基本法律问题. 学术探索，2012，(8).

②祝里里，张春玲. 民办高校法人治理中若干法律问题的分析. 现代教育科学，2014，(1).

格,若将民办高校作为一个企业法人看待,允许出资人获得所谓的“合理回报”,那么就意味着营利性是民办学校的根本属性。新版《中华人民共和国民办教育促进法》虽然将民办教育明确划分为“营利性”和“非营利性”两大类,但在实践中,民办高校无疑会选择“非营利性”,但“合理回报”又成为民办高校举办者的一块“心病”,陷入两难选择,况且现有的情况是不少民办高校都由完全企业化的教育集团控制,“非营利性”的民办高校的掌控者不营利很不现实,在不少民办高等教育的举办者心中,“合理回报”就是营利。

4. 法人属性权责权责不明

法人属性的法律设计直接关系到法人的主体地位,影响法人的根本制度,决定法人的权利义务,进而涉及其内部治理结构和外部治理结构。民办学校的法人属性问题不解决,民办学校的分类便无客观标准,民办学校的法人治理也得不到真正的落实。可喜的是,新版《中华人民共和国民办教育促进法》第 19 条中规定,民办学校取得办学许可证后,进行法人登记,登记机关应当依法予以办理,但在法律实践中仍需要检验其实际效果。

(三)发展定位的制约

民办高校的准确定位是保证民办高等教育健康有序发展的先导环节。在高教市场竞争越来越激烈的形势下,把握优势,扬长避短,科学的定位和选择正确发展道路,将使学校发展如鱼得水。如果民办大学不能准确地设计发展目标并选择合适的发展方向,肯定难以保持可持续发展。[①]《教育规划纲要》指出,要“引导高校合理定位,克服同质化倾向,形成各自的办学理念和风格,在不同层次、不同领域办出特色,争创一流”。民办高校同质化倾向是制约其自身发展的重大桎梏。而“以学养学”是民办高校发展的大众模式,经费筹措渠道成为制约民办高校发展的瓶颈。

1. 学校定位不准,竞争优势不强

许多民办高校没有充分考虑高等教育发展的宏观环境,不能立足自身办学的历史传统,而是走与公办高校一样的发展道路,没有实施错位发展策略,使得自身在高等教育的竞争中越来越艰难。实践证明,只有形成了学校发展的特色,才能在竞争中凸显自身的价值,保持生机和活力。有的民办高校一味追求“高大全”,不从客观实际出发,没有自己的特色,缺乏竞争优势。甚至提出“走国际化道路”、培养“国际化应用人才”、建设“世界水平大学”“中国的剑桥”。勇气可嘉却很难符合

①何建军. 民办高校可持续发展的定位、特色与品牌建设探析. 中国医学高等教育,2013,(11).

客观实际,目标很好实则根本无法达到。试想在湖南公办高校中都很难建设"剑桥""牛津",更何况民办高校。只有根据民办高等教育实际,湖南经济发展的水平,科学定位,突出特色,才能在竞争激烈的市场中赢得自己应有的地位。

2. 管理定位不准,持续发展不继

不少民办高校的举办者缺少高等教育管理经历和经验,在教育管理上存在天然不足。出于财政管理权的本能,任人唯亲成为普遍现象。行政体制上的家族式管理和教职工的企业式管理成为民办高校的突出特征。以西安 4 所在校生规模超过 3 万人的民办高校为例,都具有董事长或校长家族世袭、经营与管理学校这种特色,被民办高校圈内人士称为民办高等教育发展的"新西安现象"①。不仅仅是西安,各省民办高等教育这种现象都具有普遍性。行政体制上的家族式管理让民办高校的举办者在心理上较为放心,纵然出现一些在财务上的问题,也用"肥水不流外人田"求得心安理得。而教职工的企业式管理就追求利益的最大化,其突出的表现是民办高校的大班额制,不少医学院校的班额甚至超过 120 人,在国家规定的 4 倍以上。民办高校认为管理上另外两个现象亦制约了可持续发展,一是留校生占据大量的重要岗位;二是教职工的高流动性。大量的留校生占据重要岗位和领导岗位,一切以服务于举办者的利益和满足举办者的喜怒好恶为标准,只唯上不唯下。教职工的高流动性使得民办院校师资力量大打折扣,一是年轻老师特别多;二是低职称教师多,教学质量也深受影响。

3. 筹资定位单一,发展动力不足

民办高校的资金来源主要是两部分:一是早期的滚动发展和后期的举办者的投资;二是学费。资金问题始终是制约民办高等教育发展的一个十分重要的问题。从民办高校运行来看,无论是前期靠滚动发展起来的学校,还是后期靠投资举办的民办高校,其收入主要靠学费。因此,生源是民办高校的生命线。在办学过程中,如果出现生源不足,往往会导致学校的资金链断裂,学校的生存和发展就会受到严重影响。就现实情况而言,我国的民办教育与国外的私立教育有着较大的区别,资金的注入也缺少国外私立教育政府资助和社会捐资的机制。而对于校友捐资来说,由于民办高校的建立时间和毕业学生的综合影响,校友捐资微乎其微。就湖南而言,缺少政府对民办高等教育提供直接的财政资助,也缺少像上海一样的民办教育发展专项扶持资金。

(四)运行机制的约束

运行机制是指在人类社会有规律的运动中,影响这种运动的各因素的结构、功

---

①康正. 陕西民办高校:世袭还是"收编". 望东方周刊,2012,(28).

能及其相互关系，以及这些因素产生影响、发挥功能的作用过程和作用原理及其运行方式。民办高校运行机制是指民办高校根据国家政策、法规和市场需求等，发挥内部各个组成部分对外功能，并自主调整自身行为，改善学校运行的内在条件和功能的方式、途径和过程。[①] 调查发现，不少民办高校管理松弛，缺乏创新精神，这严重制约了学校的发展。

1. 办学理念有偏差，内部运行不规范

绝大多数民办高校办学理念存在偏差。一是无视法律规定，把办学作为营利的手段和途径。二是不注重学校的长远规划，重在维持现状。三是盲目跟风，缺乏对教育发展的规律的研究，不能突出自身特色。许多民办高校董事会权力过大，甚至不按章程规定和教育规律行事，过分插手校务。绝大多数民办高校存在重要部门都由亲属掌控的现象。例如一是有的民办高校财务、人事、招生部门的领导都由自己亲属充任，其他人咸能问津，家族式管理现象明显。二是在招生、录取上存在失范行为，例如招生宣传夸大其词，在录取中违规操作，在收费上混乱不堪，每年都有新闻媒体曝光就是明证。三是随意变更教学计划，在教学安排上偷工减料，在考试上过于松弛，往往造成恶性循环，影响学校社会声誉。

2. 党组织不健全，教师权益无保障

党组织建设不到位，管理体制没理顺。由于湖南采取的是给民办高校派驻党委书记的工作模式，党组织的政治核心作用和监督保障作用难以发挥。民办高校的党委书记一般任期为两年，客观上影响党组织作用的发挥。当民办高校出现违规办学或其他不当行为时由于董事会的影响与制约，也难以监督和纠正。民办高校的举办者普遍将教职工视为“打工者”，忽视师资队伍建设，致使学校没有凝聚力和向心力。民办高校教师普遍工作量大，普遍是公办院校教师工作量的两倍以上，而在购买保险时却是“企业性质”的，客观上造成了同工不同酬，这在灵魂深处也影响着教师的心理。部分教师没有把民办高校视为自己安身立命的岗位，只是将他视为一个暂时的跳板，这也影响学校的稳定和发展。

3. 管理模式少创新，学校发展缺后劲

许多民办高校要么维持在低水平重复建设，要么以牺牲质量为代价，盲目扩张，创新发展和长远规划普遍不强，只有长沙医学院、湖南信息学院等屈指可数的几所高校具备较强的发展后劲。长沙医学院依托专业特色，以“错位竞争”为理念，科学规划，率先通过教育部本科教学评估。以医学认证为契机，招收留学生，以“长沙医科大学”为长远奋斗目标，走出了一条富有特色的办学之路。许多民办高校缺少长远规划和科学定位，学校发展潜力不足，特别是长沙以外的民办高校，受

①修朋月，于长福，李怡. 谈目前民办高校运行机制的缺陷与重构. 教育探索，2014，(12).

地理位置的影响,长远发展将是一个重大的问题。

4. 大学文化有缺陷,人文环境受制约

大学文化是一所大学在其长期办学过程中积淀的价值理念、制度约束、行为规范和品牌形象的集成。精神文化是指在大学发展过程中形成的鲜明个性和独特气质,表现为大学理念、办学特色及价值追求。由于独立学院转制或合格评估,民办高校在软硬件投入方面有了长足的进步。由于公办高校所属的独立学院转制成为民办普通高校,其办学理念仍然带有母体学校的痕迹,人才培养目标与规格、培养方案、课程体系设计和教学质量监控等几乎沿袭校本部的做法,没有自己的管理创新与特色凝练,在相当长的一段时间里不能摆脱母体的影响,导致出现"千校一面"的趋同化倾向,影响其核心竞争力的提升。

第三章　新时代湖南民办高等教育可持续发展的挑战和机遇

一、新时代湖南民办高等教育可持续发展的挑战

公办高等教育由于受到国家政府的支持，长期以来的发展得到社会和民众的认同，本来在一定程度上就挤占了民办高等教育的发展空间。进入新时代以来，国家又出台了一系列的教育政策，给湖南民办高等教育的可持续发展带来挑战。"双一流"建设政策、学科评价制度、新的招生制度的出台都对民办高等教育的发展带来不利影响，而民办高等教育自身的同质化倾向以及国际资源的竞争给湖南民办高等教育的可持续发展带来制约。

（一）"双一流"建设的挑战

1."双一流"建设

世界一流大学和一流学科建设，简称"双一流"；建设世界一流大学和一流学科，是中国共产党中央委员会、中华人民共和国国务院作出的重大战略决策，亦是中国高等教育领域继"211 工程""985 工程"之后的又一国家战略，有利于提升中国高等教育综合实力和国际竞争力，为实现"两个一百年"奋斗目标和中华民族伟大复兴的中国梦提供有力支撑。

2015 年 8 月 18 日，中央全面深化改革领导小组会议审议通过《统筹推进世界一流大学和一流学科建设总体方案》，对新时期高等教育重点建设做出新部署，将"211 工程""985 工程"及"优势学科创新平台"等重点建设项目，统一纳入世界一流大学和一流学科建设，并于同年 11 月由国务院印发，决定统筹推进建设世界一流大学和一流学科；2017 年 1 月，经国务院同意，教育部、财政部、国家发展和改革委员会印发《统筹推进世界一流大学和一流学科建设实施办法（暂行）》。

2017 年 9 月 21 日，教育部、财政部、国家发展改革委联合发布《关于公布世界一流大学和一流学科建设高校及建设学科名单的通知》，正式确认公布世界一流大学和一流学科建设高校及建设学科名单，首批双一流建设高校共计 137 所，其中世界一流大学建设高校 42 所（A 类 36 所，B 类 6 所），世界一流学科建设高校 95 所；

双一流建设学科共计465个(其中自定学科44个)。2017年10月18日,习近平总书记在十九大报告中指出:“要加快一流大学和一流学科建设,实现高等教育内涵式发展。”①

2. 湖南省“双一流”建设

为深入实施科教强省战略,有力提升高等教育支撑服务经济社会发展的能力和水平,湖南省人民政府于2017年2月10日印发《湖南省全面推进一流大学与一流学科建设实施方案》,从总体要求、建设任务、改革任务、组织实施等四个大的方面对“双一流”建设做出了详细规划,为推动湖南“双一流”建设提供了行动指南。

《湖南省全面推进一流大学与一流学科建设实施方案》(以下简称《方案》)立足湖南实际,紧密对接创新驱动发展战略,以创建一流为目标,以人才培养为核心,以服务需求为导向,以深化改革为动力,为推动我省经济转型升级和建设富饶美丽幸福新湖南提供有力支撑。湖南“双一流”建设方案确立了分类发展,争创一流;学科引领,突出特色;提升水平,服务需求;深化改革,创新机制;注重实效,动态调整的基本原则。同时确定了到2020年、2030年、2050年的阶段性发展目标和可持续发展准则。

《方案》颁布后,湖南省教育厅会同省财政厅、省发改委等部门,研究制定全省“双一流”建设的项目方案,明确重点任务,科学规划建设的方式方法,研究制定推进“双一流”建设的重大政策举措。2018年7月,湖南省教育厅就发出湖南省高校“双一流”学科建设项目申报通知,项目分世界一流建设学科、国内一流建设学科和国内一流培育学科、应用特色学科四个类别,按一级学科申报。其中,世界一流建设学科、国内一流建设学科和国内一流培育学科面向具有硕士或博士学位授予权的高校申报,应用特色学科面向不具有硕士学位授予权的本科学院申报。8月9日,湖南省公示湖南省高等学校“双一流”学科建设项目申报材料,各高校共申报省教育厅共受理全省高校267个学科(国防科技大学未公示),标志着湖南“双一流”建设进入快车道。②

3. “双一流”建设对湖南民办高等教育的挑战

而在“双一流”建设的浪潮中,不管是教育行政管理部门,还是社会观念以及民办高等教育的条件,民办高等教育都将面临新一轮的挑战。

第一,从教育经费来看,随着经济的不断发展,人们收入确实在不断提高,但民

①习近平. 决胜全面建成小康社会 夺取新时代中国特色社会主义伟大胜利——在中国共产党第十九次全国代表大会上的报告. 人民出版社,2017:47.

②湖南省教育厅:关于对湖南省高等学校“双一流”学科建设项目申报材料进行公示的公告, http://kxjsc. gov. hnedu. cn/c/2018-08-09/923151. shtml

办高校的学费也不断在增长，民办高校的收费每生每学年均在15000元上下，医学院校的收费更高，突破了20000元，最高的已经达到25000元。而公办高校却在不断地争取教育拨款以改善教学条件。在学费这个问题上，如果公办高校与民办高校的招考学校的分数线相当，绝大多数家长和学生会毫不犹豫地选择公办高校。

第二，从学校软实力和内涵式发展来看，民办高校将面临越来越大的压力。财政拨款与“双一流”建设挂钩，公办高校原本就在师资力量、科研条件等诸多方面占据优势，挂钩政策只会使公办高校得到更多的资助。这种看似公平竞争的评审方式，民办高校从最初就已经输在起跑线上。以2018年湖南省教育厅公示的各高校“双一流”建设情况来看，其差距甚大。2018年湖南省本科院校申报建设“双一流”学科共267项，民办院校共申报15项（湖南涉外经济学院5项，湖南信息学院2项，湖南应用技术学院2项，长沙医学院4项，湖南交通工程学院2项）。截至2018年，湖南共有本科院校36所，民办院校5所，占比13.8%；而申报的“双一流”学科占比5.6%，显然与学校数不对称。这还暂时是申报情况，届时立项情况更难说。从2017年湖南省教育厅对各高校的“双一流”专项拨款来看，民办高校一样面临更大的压力。5所民办本科院校的拨款均在100万以下，而公办高校多的一所学校就有1000多万。

第三，“双一流”背景下的人才引进政策对民办高校形成巨大压力。“双一流”建设特别是2017年新一轮的博士、硕士点申报，各公办高校加大了人才的引进力度，对民办高校的人才引进带来巨大压力。本来公办高校在综合待遇上就比民办高校更胜一筹，这次引进公办高校给出的软、硬条件更加优越，吸引了更多的优秀人才，民办高校的人才引进更加困难。以一般公办本科院校来看，待遇就相当吸引人，如衡阳师院的博士安家费40万元，科研启动经费（理工科10万元，人文社科6万元）。[①] 怀化学院优秀博士安家费20万元，住房补贴25万元，科研启动经费（文科10万，理工科15万）。[②] 湖南文理学院博士安家费即达28万~40万元（含常德市人才津贴）。[③] 而民办高校要么不能给出这么好的待遇，要么条件要求要比公办院校高得多，实际上影响了人才的引进，进而影响学校的可持续发展。

（二）教育评估的压力

1. 学科评估

学科评估（China Discipline Ranking，CDR）是指一级学科整体水平评估。评估

①衡阳师院2018年人才引进待遇，http://marx.hynu.cn/info/1035/1537.htm

②怀化学院2018年人才引进计划，http://rsc.hhtc.edu.cn/index.php? read-592.html

③湖南文理学院2018年高层次人才引进政策，http://yjsy.hunnu.edu.cn/index.php/cms/item-view-id-9719.shtml

的目的是：服务大局、服务高校、服务社会。教育部学位与研究生教育发展中心（简称：学位中心）按照教育部和国务院学位委员会颁布的《学位授予和人才培养学科目录》，对具有研究生培养和学位授予资格的一级学科进行整体水平评估（简称：学科评估），并根据评估结果进行聚类排位。此项工作于2002年首次在全国开展，至今已完成四轮评估。

学科评估的目的主要是三个方面：一是服务大局，贯彻落实国家教育规划纲要提出的"鼓励专门机构和社会中介机构对高等学校学科、专业、课程等水平和质量进行评估"的精神，服务研究生教育"提高质量、优化结构、鼓励特色、协同创新"的大局；二是服务高校，通过对学科建设成效和质量的评价，帮助高校了解学科现状、优势与不足，促进学科内涵建设，提高研究生培养和学位授予质量；三是服务社会，提供客观的学科水平信息，为学生选报学校、学科和社会人才流动提供参考。

2. 本科教学工作合格评估

本科教学工作合格评估是对高等学校综合实力的评估，是对学校各项工作的一次全面评估，是国家行政部门对高等学校教学质量进行的国家级权威性评估。本科教学工作合格评估，是教育部依据《中华人民共和国高等教育法》，为进一步加强国家对高等学校教学工作的宏观管理与指导，促使各级教育主管部门重视和支持高等学校的教学工作，促进学校自觉按照教育规律不断明确办学指导思想、改善办学条件、加强教学基本建设、强化教学管理、深化教学改革、全面提高我国高等学校本科教学水平、教育质量和办学效益而采取的一项重要举措。评估对象为未参加过教学工作合格评估的各类新建普通本科学校（以下简称新建本科学校），包括经国家正式批准独立设置的民办普通本科学校。

合格评估主要程序包括：学校自评、专家进校评估、结论审议与发布等环节。学校根据本办法及《普通高等学校本科教学工作合格评估指标体系》要求，有计划地开展自评活动，总结成绩、查找差距、分析成因、提出对策，加强教学基本条件建设、加强教学管理、建立并完善校内教学质量保障制度，促进教学质量的稳步提高。在自评的基础上形成《学校自评报告》。教育部评估中心组建专家组赴学校进行现场考察评估。专家组在审核《学校自评报告》和《教学基本状态数据分析报告》基础上，通过深入访谈、现场听课、查阅材料、考察座谈等形式，对学校教学工作做出公正客观评价，形成《专家组评估报告》并给出评估结论建议。专家委员会审议《专家组评估报告》，做出评估结论。合格评估结论分为"通过""暂缓通过"和"不通过"三种。教育部评估中心根据专家委员会审议结果，正式发布评估结论。"通过"的学校，进入下一轮普通高等学校的审核评估。学校的整改情况将作为审核评估的重要内容。"暂缓通过"的学校整改期为2年，"不通过"的学校整改期为3年。在整改期间，对结论为"暂缓通过"和"不通过"的学校，将采取限制或减少招生数量、暂停备案新设本科专业等限制措施。整改期满后由学校提出重新接受评估的申请。重新评估获得通过的学校，可进入下一轮普通高等学校的审核评估，仍未通过的学校，将认定为教育教学质量低下，依据有关法律给予相应处罚。

合格评估相关的政策文件与实施办法、评估标准、评估程序和活动、评估专家名单、《学校自评报告》、教学基本状态有关数据、《专家组评估报告》以及评估结论等，均在适当范围内予以公开。①

3. 专业综合评估

2016 年和 2017 年教育部教育督导局连续两年下发《关于组织开展普通高等学校本科专业评估试点工作的通知》，将本科专业评估作为年度重点工作，组织推动各省开展普通高校本科专业评估工作。2016 年 6 月 13 日，湖南省教育厅下发《关于开展湖南省普通高校本科专业综合评价工作的通知》，②决定从 2016 年起启动实施全省普通高校本科专业综合评价工作。

省教育厅组织专家和相关人员借助本科专业综合评价系统，采取定量与定性相结合的方式，选取“生源情况”“培养方案与模式”“师资与条件”“教学建设与改革”“教学质量保障”“培养效果”“附加项目”7 个一级指标，进行客观评价。既包括“招生录取分数”“教授为本科生授课”“用人单位满意度”等定量指标，也包括了“专业特色”“学生思想道德表现”等定性指标。“高校人才培养的全部过程、各个环节都被纳入评价体系中。建立本科专业综合评价体系后，随之产生了专业排名和淘汰机制，就可以更科学地设立、发展，乃至停办、撤销相关专业。”

4. 审核评估

审核评估是在我国高等教育新形势下，总结已有评估经验，借鉴国外先进评估思想的基础上，提出的新型评估模式，核心是对学校人才培养目标与培养效果的实现状况进行评价，旨在推进人才培养多样化，强调尊重学校办学自主权，体现学校在人才培养质量中的主体地位。通过审核评估加强政府对高等学校的宏观管理和分类指导，引导高等学校合理定位、全面落实人才培养中心地位，健全质量保障体系，办出水平、办出特色，切实提高人才培养质量。③

审核评估实行中央和省级政府分级负责，各省、自治区、直辖市教育行政部门应按照《普通高等学校本科教学工作审核评估方案》的规定和要求，结合本地区高

①普通高等学校本科教学工作合格评估实施办法，http://www.moe.edu.cn/srcsite/A08/s7056/201802/t20180208_327138.html

②关于开展湖南省普通高校本科专业综合评价工作的通知，http://gdjyc.gov.hnedu.cn/c/2016-06-14/750432.shtml

③教育部关于开展普通高等学校本科教学工作审核评估的通知，http://www.moe.gov.cn/srcsite/A08/s7056/201312/t20131212_160919.html

等教育发展需要,制定本地区所属高等学校审核评估具体方案和评估计划。

审核评估核心是对学校人才培养目标与培养效果的实现状况进行评价。重点考察办学定位和人才培养目标与国家和区域经济社会发展需求的适应度,教师和教学资源条件的保障度,教学和质量保障体系运行的有效度,学生和社会用人单位的满意度。审核评估结果是学校教育教学质量的反映,与学校办学、发展直接相关。教育行政部门应对评估学校的整改情况进行指导和检查,并在政策制定、资源配置、招生规模、学科专业建设等方面予以充分考虑,促进学校教学质量不断提高。①

5. 教育评估对民办高等教育发展的压力

教育评估的目的是为了促进高校的发展,但民办高校在教育资源、师资力量、办学理念等诸多方面存在差距,面对统一标准的各种教育评估,实在压力不小。

从学科评估来看,许多民办高校学科意识不强,受办学理念的影响,不少民办高校注重的不是学科发展,而是想方设法增加专业以扩大规模。因为一个很现实的理由是招生规模越大,收入越多。开展学科评估后,其结果将会向社会公布,各校学科水平一目了然,民办高校很难与公办高校匹敌,又害怕评估结果的公布对自身造成影响,压力不小。

从专业综合评价来看,对民办高校的压力更大。各省本科专业评估指标体系仍以内部专业内涵建设质量的视角开展评估,主要从专业学生入口(生源质量)开始,涵盖教学活动的各关键环节(师资、教学条件、教学管理),直至最终结果(学生发展、社会声誉),并形成全过程质量保障体系。② 专业综合评价以本省为比较,对于本省来说其关注度更加高,因为高校的招生生源60%以上来自本省。尤其是专业综合评估采取专业排名和淘汰制,评估的结果都会在网上公布,各高校的专业排名成为考生报考的一个重要的选择依据。本来社会流行的报考原则是一选专业二选学校,试想一个专业综合排名如果在末位的民办高校会成为考生的第一选择吗?最后选择也大多是无奈之举。如果专业建设水平不高,排名不佳,招生受限,会再次影响专业建设,进而进入一个恶性循环。专业综合评价的排名和淘汰机制对民办高校产生很大的压力。

从本科教学合格评估来看,教育部要求所有的本科院校在2020年之前都要接受本科教学评估,这给民办本科院校造成巨大的压力。民办本科院校开办本科教育的历史短暂,都是经过后来的升格才成为本科院校的。从湖南来看,最早升格为

---

①普通高等学校本科教学工作审核评估方案,http://www.moe.gov.cn/srcsite/A08/s7056/201312/t20131212_160919.html

②纪宏. 各省本科专业评估实施方案内容分析. 大学(研究版),2017,(12).

本科是在2005年,最新一批是在2014年才升格为本科,要在2020年之前接受本科教学评估只有短短的6年时间。新升民办本科院校在教学条件、教学质量、管理水平、科学研究等方面客观地与公办院校存在差距。假如评估结果为“暂缓通过”和“不通过”,那么按照要求学校就要限制或减少招生数量,暂停备案新设本科专业,这会在很大程度上影响民办学校的招生。因为这个评估结果按照规定是必须向社会公布的。教学合格评估通过后,在5年左右又要接受审核评估,审核评估的指标体系更加完善,而且评估会更加规范化和严格化,合格评估比较注重自我评价,审核评估却更加注重外部审核。因此,对于民办本科院校来说,无论是通过还是没有通过合格评估,压力都是很大的。

(三)同质化倾向的制约

1. 同质化与教育同质化

所谓“同质化”是指同一大类中不同品牌的商品在性能、外观甚至营销手段上相互模仿,以至逐渐趋同的现象,即差别不易分清,差异小。在管理上是指产品、服务趋同,尽管形式上有差别,但内容、品质、技术含量,使用价值一样。

教育同质化是指学校与学校之间,无论是办学目标还是办学理念,无论是改革目标还是具体措施,无论是教学模式还是考试模式都日益趋同。学校没了自己的特色,学生在几乎雷同的教育模式下形成了类似的思维方式和行为习惯,没有了自己的个性,失去了创造能力。教育同质化容易造成“千校一面”“千人一面”现象。

同质化是当前我国教育领域中存在的一种普遍现象,教育同质化的前提是教育符号化。同质化教育的现实表现就是教育标准化。所谓标准化是使某物或某事按标准去做,按标准校对或与标准相比较来进行评估。教育标准化满足社会对所谓“人才”的数量需要。但是,质量出现明显下滑已成为不争的事实。以标准化扩张带来的教育繁荣,主要的发展价值还是一种量的增长,它不能真正满足社会的人才需要,更不利于国家和民族的长远发展。① 在同质化的教育下,教育成为没有主体性的教育,受教育者成为没有自我没有个性的人。

2. 湖南民办高等教育同质化表现

同质化是当前我国高等教育领域中一种普遍现象,民办高校同质化的现象也非常明显。民办高校不仅模仿普通公办高校人才培养模式,而且民办高校之间在办学定位、学科专业等方面日益趋同。② 本来具有较明显的行业特色和区域特征的部分高校因追求“高、大、全”而丢掉了自身的特色,高校普遍存在办学定位相

①奚丽萍.教育同质化现象论.教育研究与实验,2009,(5).

②陈文联.民办本科高校发展的同质化:表征、原因与对策.黄河科技学院学报,2017,(5).

似、学科专业雷同、课程内容陈旧、办学“千校一面”。①

第一，办学定位的同质化。部分民办高校在向优质公办高校学习的过程中，不管学校生源、教育质量、科研优势等校情，盲目求大求全，不切实际地企求短时间办成“高水平”“国际化”“综合性”的“国内一流大学”，甚至为“世界一流”，强调向研究型、综合性方向发展。

表 3-1　湖南省部分民办高校办学定位情况表

院校	办学层次	办学定位	备注
长沙医学院	普通二本	面向全国、服务地方，为城乡医疗机构培养高素质医护人才，打造一流品牌，升格为长沙医科大学。	
湖南涉外经济学院	普通二本	高水平教学应用型国际化本科院校	
湖南应用技术学院	普通二本	未查询到办学定位相关资料	
湖南信息学院	普通二本	中国特色世界一流的应用技术大学	
湖南交通工程学院	普通二本	国内有一定知名度，在省内有较大影响力的应用型本科院校	
湘潭大学兴湘学院	独立学院三本	培养重实践、强能力、高素质的应用型高级专门人才	办学定位不明确
湖南科技大学潇湘学院	独立学院三本	为社会培养复合应用型管理人才和技术人才	办学定位不明确
湖南师范大学树达学院	独立学院三本	立足湖南、服务全国、走向世界，建设全国同类院校一流强校	
湖南理工学院南湖学院	独立学院三本	省内一流、国内有影响、特色鲜明的独立学院	
中南林业科技大学涉外学院	独立学院三本	国内外高等教育市场有一定影响、特色鲜明的新型大学	

①唐大超，胡昌龙. 地方高校同质化发展问题及对策探析. 湖北工业职业技术学院学报，2014，(5).

续表3-1

院校	办学层次	办学定位	备注
长沙南方职业学院	高职专科	具有海航特色、国内一流、国际有影响力的高职院校	
潇湘职业学院	高职专科	办一流大学,百年品牌	
湖南外国语职业学院	高职专科	市场化、职业化、国际化	办学定位不明确
湖南高尔夫旅游职业学院	高职专科	特色鲜明、优势突出、影响广泛的全省民办高职院校	
湖南三一工业职业技术学院	高职专科	创建一流企业、造就一流人才、做出一流贡献	

从上表不难看出,部分湖南民办高校的办学定位存在问题。①办学定位不明确,有些普通二本都对自身的办学定位不准,如湖南应用技术学院。办学定位不准,要么是办学者对办学定位把握不好,不知未来发展方向;要么就是办学者不重视办学定位,看重的是眼前利益。还有的将人才培养目标与办学定位混淆,如湖南科技大学潇湘学院将“为社会培养复合应用型管理人才和技术人才”定位为办学目标。②办学定位的同质化倾向。这里所讲的同质化倾向包括两层意思,一是民办高校不顾自身的办学层次,盲目追求与高水平公办高校争创一流的办学方向,上表所列民办高校中,就有长沙医学院、湖南信息学院、湖南师范大学树达学院、长沙南方职业学院、湖南三一工业职业学院、湖南理工学院南湖学院等6所学校明确提出“一流”办学定位,占比40%。二是民办高校与公办高校一致的办学定位,不少高校定位于“世界一流”“有国际影响力”“国际化”。从湖南的高等教育来看,公办高校要争创世界一流都很困难,只有部分学科可能具有世界影响力,作为应用型的民办高校定位于世界一流,这种是世界眼光值得鼓励,但不免有好高骛远之嫌,客观上并不能促进学校的可持续发展,融入世界市场或许是今后发展的一条道路。

第二,学科专业的同质化。专业设置是高校学科孕育和发展的内在逻辑起点,应当是任何一所高校生存和发展的重中之重。高校专业设置堪称是当今中国高等教育能否持续发展的“核心竞争力”和任何一所高校是否可持续发展的基本生命线。[①] 高校专业设置应着眼未来,对学生和社会负责,它既要与市场需求相适应,同时还要考虑学校人力、物力和智力等资源的储备。部分民办高校为了吸引生源,

①宋争辉.高校专业设置同质化的消极影响及应对策略.中国高等教育,2011,(24).

增加学费收入,罔顾自己的办学条件,盲目追求学科规模扩张,一窝蜂地开办"热门专业",其结果是导致专业设置雷同。专业趋同化因此成为民办高校同质化发展的另一普遍现象。

表 3-2　湖南省部分民办高校专业开设统计表

专业	开设学校(办学层次)	占比
1. 英语	长沙医学院、湖南涉外经济学院、湖南应用技术学院、湖南交通工程学院、湖南文理学院芙蓉学院、湖南工程学院应用技术学院、湘潭大学兴湘学院、湖南工业大学科技学院	53%
2. 计算机科学与技术(计算机应用技术)	湖南都市职业学院、湖南软件职业学院、长沙南方职业学院、潇湘职业学院、湖南工程学院应用技术学院、湘潭大学兴湘学院、湖南商学院北津学院、湖南工业大学科技学院、湖南文理学院芙蓉学院、长沙医学院、湖南涉外经济学院、湖南应用技术学院、湖南信息学院、湖南交通工程学院	93%
3. 商务英语	湖南都市职业学院、湖南外国语职业学院、湖南软件职业学院、湖南应用技术学院、潇湘职业学院	33%
4. 市场营销	湖南外国语职业学院、长沙南方职业学院、潇湘职业学院、湖南工程学院应用技术学院、湖南商学院北津学院、湖南工业大学科技学院、湖南文理学院芙蓉学院、长沙医学院、湖南涉外经济学院、湖南交通工程学院	67%
5. 汉语言文学	湖南文理学院芙蓉学院、长沙医学院、湖南涉外经济学院、湖南应用技术学院、湘潭大学兴湘学院、湖南商学院北津学院	40%
6. 旅游管理	湖南都市职业学院、湖南软件职业学院、长沙南方职业学院、潇湘职业学院、湖南工程学院应用技术学院、湘潭大学兴湘学院、湖南商学院北津学院、湖南文理学院芙蓉学院、湖南涉外经济学院、湖南信息学院、湖南交通工程学院	73%
7. 电子商务	湖南交通工程学院、湖南信息学院、湖南应用技术学院、湖南涉外经济学院、湖南商学院北津学院、湘潭大学兴湘学院、潇湘职业学院、长沙南方职业学院、湖南软件职业学院、湖南都市职业学院	60%
8. 酒店管理	湖南外国语职业学院、湖南软件职业学院、长沙南方职业学院、潇湘职业学院、湖南涉外经济学院、湖南应用技术学院、湖南交通工程学院	47%

续表3-2

专业	开设学校（办学层次）	占比
9. 财务管理	湖南涉外经济学院、湖南应用技术学院、湖南信息学院、湖南交通工程学院、湖南文理学院芙蓉学院、湘潭大学兴湘学院、湖南商学院北津学院、湖南工业大学科技学院	53%
10. 工商管理	湖南工程学院应用技术学院、湘潭大学兴湘学院、湖南商学院北津学院、湖南工业大学科技学院、长沙医学院、湖南涉外经济学院、湖南交通工程学院	47%

数据来源：各高校招生网

样本：普通二本5所（长沙医学院、湖南涉外经济学院、湖南交通工程学院、湖南应用技术学院、湖南信息学院）、独立学院5所（湖南工程学院应用技术学院、湘潭大学兴湘学院、湖南商学院北津学院、湖南工业大学科技学院、湖南文理学院芙蓉学院）、高职专科5所（湖南都市职业学院、湖南外国语职业学院、湖南软件职业学院、长沙南方职业学院、潇湘职业学院）

3. 同质化倾向对湖南民办高等教育可持续发展的影响

随着大学扩展和民办高等教育的勃兴，随之而来的也是民办高等教育的同质化倾向。同质化倾向的加剧，不仅引发民办高校在体量上的增加，民办学校的举办者千方百计新增专业以扩大招生规模，片面追求学校的大而全。同质化倾向也导致民办高校之间的竞争越发激烈，这种竞争主要表现为生源的竞争，而忽视了学生的培养。

第一，民办高校发展的高度趋同化，必然会导致高校之间的恶性竞争、大量教育资源的浪费以及人才培养结构失调。专业设置过于重叠，不仅造成教育资源浪费，还在一定程度上加剧了高等教育生态失衡以及热门专业毕业生的就业难度，不利于民办高等教育持续健康发展。从上表中可知，在所统计的15所高校中，超过了40%的学校均开设了英语、财务管理、工商管理、酒店管理、汉语言文学、市场营销、旅游管理和计算机科学与技术，市场营销的开设学校达到67%，旅游管理超过70%，计算机科学与技术更是高达93%，几乎所有的高校都开设了这个专业。

第二，不能凸显学校自身的办学特色和竞争优势。像汉语言文学、计算机、英语、财经、会计等专业之所以成为民办高校竞相开设的专业，其中一个重要的原因是这些专业在培养成本上具有很强的比较优势，首先是师资方面不用花太多的心思，其次是实践实训环节费用低，再者是专业建设上花费低。与医学专业动辄几千万的投资相比较，专业建设经费完全可以忽略不计。但另一方面却使这些专业在很多学校是可有可无的弱势群体，学校不会花太多的心思来考虑这些专业的发展，只要能够维持招生每年为学校提供应有的办学经费就足够了。而且这些学校的这些专业有时甚至地位尴尬，显得不伦不类，例如医学院校的工商管理、应用技术学院的汉语言文学、交通工程学院的市场营销等。同质化倾向不利于民办高校发挥自身的优势，影响了民办高等教育的可持续发展。

（四）国际市场的竞争

1. 出国留学

跨境学生流动目前已成为高等教育国际化的核心组成部分，无论对经济还是学术都产生了深远的影响，并且在近年来得到迅速的发展。目前，中国已成为最大的国际学生输出国，留学生出国的规模越来越庞大。[①] 教育部统计数据显示，2017年我国出国留学人数首次突破60万大关，达60.84万人，同比增长11.74%。“一带一路”沿线国家成为新的增长点，2017年赴“一带一路”沿线国家留学人数为6.61万人，涉及37个“一带一路”沿线国家，比上一年增长15.7%，超过整体出国留学人员增速。[②]

近年来，随着全球化的发展，高等教育市场的逐渐国际化，高等教育国际化成为时代潮流。“一带一路”倡议的实施，为中国留学教育提供了更广阔的空间。随着高等教育国际化市场的不断扩大，湖南高考压力的不断增长，高中毕业“出国留学”甚至成为一种“时髦”，湖南的出国留学人员与日俱增。来自多家留学中介机构的统计数据显示，湖南自费出国留学人数逐年上涨，部分机构2014年送出国的留学生人数甚至比2013年翻了一倍。根据多家留学中介机构提供的数据，湖南省的留学生中，出国接受高等教育的人占了“大头”，其中读本科的约占45%，读硕士的约占35%～40%，这一比例超过八成。几年前，出国留学的大多是学习成绩不理想的学生，但现在学习好的学生出国的越来越多。许多综合素质高、学习能力强的学生甚至放弃高考，直接参加国外高考。[③]

2. 中外合作办学

中外合作办学通常是指外国教育机构同中国教育机构在中国境内合作举办的以中国公民为主要招生对象的教育机构，目前所称的中外合作办学一般是指国家鼓励的在高等教育、职业教育领域开展的中外合作办学。改革开放以来，中外办学逐渐被国人所认可，规模不断扩大。中国提出的“一带一路”倡议也为中国加强与世界各院校之间的合作创造了许多重要机会。

---

①吕敏. 国际学生流动中的“推动”与“拉动”因素. 世界教育信息，2016，(8).

②教育部最新数据：2017年我国出国留学人数突破60万，http://www.eduglobal.com/aus/Article/119272/

③湖南自费出国留学人数逐年上涨 明年SAT改革难度增加. 三湘都市报，2015，3.

近年来,湖南中外合作办学取得了很大进展,不少高校纷纷与国外著名大学建立合作关系,推动了湖南中外办学市场。从教育强省的高度出发,湖南省出台多项政策,推进中外办学。《湖南省建设教育强省规划纲要(2010—2020年)》指出:要加强国际交流与合作。进一步扩大国际交流与合作范围,借鉴国外先进的教育理念和教育经验,引进国际教育投资基金和境外优质教育资源,提升教育国际交流与合作办学水平。鼓励各级各类学校开展多种形式的国际交流与合作,办好中外合作学校和中外合作办学项目。

《湖南省教育强省"十三五"规划》也提出要支持国际合作办学。积极拓展国际合作办学的广度和深度,做好优质教育资源的引进、消化、吸收和融合创新。着重推进高等教育、职业教育领域的中外合作办学。借鉴国际先进教育理念和办学经验,引进优质办学模式、课程体系和教材。加强中外合作办学管理,指导高校积极开展专业认证及评估,加强信息公开,建立合作办学成功经验共享机制。探索境外办学模式,稳妥推进境外办学。

表 3-3 湖南省中外合作办学情况一览表①(截至 2017 年 4 月)

院校	合作国院校	合作项目	备注
中南林业科技大学	英国班戈大学	班戈学院	合作办学机构
湖南农业大学	英国格林威治大学	生物科学专业本科教育	合作办学项目
湖南工程学院	英国高地与岛屿大学	电气工程及其自动化专业本科教育	合作办学项目
南华大学	美国奥本大学蒙哥马利分校	护理学专业本科教育	合作办学项目
中南林业科技大学	美国奥本大学蒙哥马利分校	环境科学专业本科教育	合作办学项目
湖南工程学院	英国苏格兰高地与岛屿大学	机械设计制造及其自动化专业本科教育	合作办学项目
湖南农业大学	英国格林威治大学	环境科学专业本科教育	合作办学项目

①中华人民共和国教育部:本科中外合作办学机构与项目名单, http://edu.sina.com.cn/gaokao/2017-04-10/doc-ifyecezv2881969-p3.shtml

续表3-3

院校	合作国院校	合作项目	备注
湘潭大学	西班牙莱昂大学	机械设计制造及其自动化专业本科教育	合作办学项目
邵阳学院	英国安格利亚鲁斯金大学	通信工程专业本科教育	合作办学项目
湖南文理学院	英国伍斯特大学	网络工程专业本科教育	合作办学项目
中南大学	澳大利亚蒙纳士大学	材料科学与工程专业本科教育	合作办学项目
吉首大学	乌克兰国立卢甘斯克大学	音乐学专业本科教育	合作办学项目
湘南学院	英国伍斯特大学	预防医学专业本科教育	合作办学项目
湖南文理学院	加拿大菲莎河谷大学	信息管理与信息系统专业本科教育	合作办学项目
湖南工业大学	新西兰尼尔森·马尔伯勒理工学院	举办视觉传达设计专业本科教育	合作办学项目
湖南涉外经济学院	英国赫特福德大学	会计学专业本科教育	合作办学项目
中南大学	澳大利亚蒙纳士大学	土木工程专业本科教育	合作办学项目
长沙理工大学	美国田纳西大学查塔努加分校	土木工程专业本科教育	合作办学项目
湖南城市学院	新西兰维特利亚理工学院	视觉传达设计专业本科教育	合作办学项目
湖南工学院	英国黄德兰大学	电气工程及其自动化本科教育	合作办学项目
湖南商学院	美国弗罗斯特堡州立大学	金融学专业本科教育	合作办学项目
湖南财政经济学院	英国罗汉普顿大学	会计学专业本科教育	合作办学项目
湖南人文科技学院	英国巴斯斯巴大学	学前教育专业本科教育	合作办学项目

续表3-3

院校	合作国院校	合作项目	备注
湖南师范大学	俄罗斯下诺夫哥罗德 德国国立格林卡音乐学院	音乐表演专业本科教育	合作办学项目
湖南科技大学	英国谢菲尔德哈勒姆大学	建筑学专业本科教育	合作办学项目

3. 高等教育国际化对湖南民办高等教育的影响

教育国际化是世界教育改革与发展不可逆转的大趋势，中国高等教育必须适应这一发展趋势。对湖南民办高等教育来说，由于办学理念、管理模式、基础条件等众多原因的影响，相对于公办高等教育来说，其存在的差距是明显的，但国际化又是不可逆转的。因此，在一个比较长的时期内，高等教育国际化都会给湖南民办高等教育带来影响。

第一，留学生教育对湖南民办高等教育的影响。随着人民思想观念的改变和经济水平的提高，出国留学已经不再是遥不可及的事情。而且在以下几个因素的影响下，出国留学将会成为越来越多的湖南家长和学生的选择。一是思想观念的改变，与以往不愿让子女远离身边的观念不同的是，随着信息技术的发展，越来越多的家长已经改变了这一传统的观念。二是出国"镀金"的观念不仅依然存在而且越来越成为现实的选择。三是湖南的高考高分数线迫使部分家庭经济条件良好的考生选择了出国留学的路。四是留学机构的强力度宣传吸引了不少家长和考生。五是社会对民办高等教育的偏见依然存在，对民办高等教育不相信从而不选择。

第二，民办高校不能开办留学生教育而影响可持续发展。这里所讲的留学生教育是指国外学生到中国来留学。留学不仅需要"走出去"，相对于民办高校来说，更需要"引进来"。从湖南 5 所普通民办本科学校来看，只有长沙医学院开办了留学生教育。从长沙医学院开办留学生教育来看，这是一个巨大的市场。短短几年内，长沙医学院在校留学生人数达到 700 多人，而且发展势头良好。这不仅有助于提高自身的办学层次，也有助于提高学校的国际声誉，还是学校生源的一个新的增长点。

第三，中外合作办学进一步对民办高校造成不利。相对于出国留学来说，中外合作办学有它天然的优势，既满足了家长、学生对"镀金"的需求，又相对来说节省了不少的费用。因此，近年来得到了蓬勃发展，而且势头强劲。从上表中可以发现，就连地处湘中的邵阳学院、湖南人文科技学院都举办了中外合作办学项目，可见它已经得到了家长和学生的认可。从上表中也看到，中南林业科技大学开历史之先河,已经与英国班戈大学共同建立班戈学院,不是单纯的个别专业合作办学,它是以整个学院成建制地合作办学。其他举办中外合作办学的20所学校23个专业几乎涵盖了湖南的本科院校,而民办高校中仅有湖南涉外经济学院一所学校开办了中外合作办学项目。这些中外合作办学项目的生源与民办高校的生源具有高度的重合率,如果没有这些中外合作办学项目,其中的绝大多数生源会进入民办高校。必须承认的是:生源虽然不是民办高校持续发展的根本因素,但却也是一个重要因素。中外合作办学项目在一定程度上影响着民办高校的可持续发展。

(五)招生制度的限制

1.高考招生制度变迁

新中国的高考招生制度走过了70年的风雨历程,这期间经历了诸多特殊阶段。1949年高等学校单独招生,1950年同一地区高校联合招生,1951年以全国大行政区范围统一招生,1952年全国统一招生,1966年,废除高考,高校停止招生。

1977年10月12日,国务院批转教育部《关于1977年高等学校招生工作的意见》,正式恢复高等学校招生统一考试的制度。据统计,当年的报考人数570万,录取人数27万人,录取率4.7%。1983年,教育部正式提出“定向招生,定向分配”的方法。规定在中央部门或国防科工委系统所属的某些院校,按一定比例实行面向农村或农场、牧场、矿区、油田等艰苦行业的定向招生。1985年,教育部规定:可以从参加统一高考的考生中招收少数国家计划外的自费生。一向由国家“统包”的招生制度,变成了不收费的国家计划招生和收费的国家调节招生同时并存的“双轨制”。同年,从美国引进标准化考试,并于当年首先在广东省进行了英语、数学两科的试点。

1985年以后,高考改革的总体趋势向减少高考科目方向发展。先是将理科7门、文科6门各减为3+2共5门,上海则实行3+1方案。同年,国家教委决定在北京大学等43所高等学校进行招收保送生的试点。1996年,中国高等教育试行并轨招生,高校学费开始增加。后续几年中,高校学费年增长幅度达到了30%,甚至50%。2000年,一直由国家“全包”的师范专业也实行收费,招生并轨改革完成。1997年,普通高校招生并轨改革。

2000年,北京、上海、安徽进行了春季招生的改革。2001年,教育部出台新政策,允许25周岁以上公民参加高考,彻底放开高校招生的年龄限制。2001年,江苏省3所高校率先实行了“自主招生”的试点工作。2002年,普通高校招生工作历史性地第一次全面实现了网上录取,全国网上录取新生率达到了85%。2003年,北大、清华等22所高校被赋予5%的自主招生权。2006年,自主招生的高校扩大到了53所。同年,教育部允许香港高校在内地自主招生。实施了20多年的7月高考制度终于迎来变革，高考时间提前 1 个月，固定安排在每年 6 月的 7、8 日（个别省份会有所延长，如江苏、广东），高考告别酷暑。

2007 年，山东、宁夏、广东、海南 4 省区作为全国高中新课程改革的首批实验区，迎来了课程改革后的第一次高考。2010 年，江苏省高考恢复文理考生分开录取，分开划线。北京市开始实行新课程高考方案。广东省取消“3+X 方案”，改为“语数英+文理综合”，考试时间缩短至 6 月 7 日至 8 日两天。

2014 年出台的《国务院关于深化考试招生制度改革的实施意见》，推行高考成绩公布后填报志愿方式，启动高考综合改革试点。2016 年新一轮高考招生改革开启，河北、广东、江苏、青海等地明确以 2018 年作为高考综合改革的启动年份，2021 年高考将正式实行新的高考综合改革方案。

2. 湖南招生考试制度改革

为积极稳妥推进湖南省考试招生制度改革，根据《国务院关于深化考试招生制度改革的实施意见》（国发〔2014〕35 号）和教育部相关配套文件精神，湖南省人民政府于 2016 年 3 月 30 日公布《湖南省深化考试招生制度改革实施方案》（以下简称《方案》）。《方案》坚持育人为本，遵循教育规律；着力完善规则，确保公平公正；体现科学高效，提高选拔水平；加强统筹谋划，积极稳妥推进的基本原则。《方案》提出 2018 年全面推进并正式启动高考综合改革，到 2021 年基本建成符合教育规律、顺应时代要求、具有湖南特色的现代教育考试招生制度。

2016 版《方案》高考招生制度的主要改革举措有：

建立并不断完善高职院校分类考试招生制度。一是按照教育部有关要求，实施初中起点五年一贯制人才培养模式改革。二是完善高职院校单独招生考试制度。逐步扩大单独招生规模，提高单独招生录取比例。实行“文化素质+职业技能”考试评价方式，建立分别针对普通高中学生和中职学生的文化基础与职业技能相结合的考核录取模式。三是完善对口升学制度，构建中职与高校有效衔接的升学通道。学生也可参加统一高考进入高职院校和本科学校学习。

完善和规范高校自主招生。指导省属试点高校按照教育部要求规范和完善自主招生方案，严格按规定和程序开展自主招生。坚持公开、公平、公正，确保实现选拔具有学科特长和创新潜质学生的改革初衷。2015 年起，自主招生面试安排在统一高考以后、高考分数公布之前进行。2016 年，进一步完善和规范高校自主招生。

改进并不断完善高校招生录取方式。逐步减少直至取消录取批次。取消录取批次后，学生不再分批次填报志愿；学校在考生志愿填报范围内按学生专业志愿和高考分数择优录取，克服社会和考生简单用录取批次划分和评价不同类型高校的倾向。

3. 高考招生制度对湖南民办高等教育的影响

高考招生制度的改革是适应社会经济发展的结果，是为了更好地促进教育公平，满足人民对高等教育的美好向往。但是改革方案却在实际上对民办高等教育的可持续发展带来不利影响。

自主招生对民办高校的制约。从目前的情况来看，家长、考生选择的自主招生的学校都为公办重点院校，纵然将来随着自主招生的推广，民办高校在自主招生方面依然不会成为家长和考生的首选对象。公办高校会利用自身的社会影响力、优质教学资源，让自主招生政策最大化使用，吸引优质生源和特殊人才，从而尽可能多地招录与本校特色相一致的考生。反过来，公办高校通过这些自主招生的学生发挥专业特长，增加学校专业优势，同时利用这些学生加大学校的宣传，从而扩大影响力，提升学校的社会声誉。通过这一良性循环，从而促进了学校的可持续发展。显然在这一轮新的招生考试改革中公办高校将占尽优势，对民办高校的可持续发展则造成了不利影响。

本科批次合并对民办高校的伤害。《方案》规定：合并本科第一、第二招生批次，并按照学生的高考总分和院校志愿，分学校实行平行志愿投档和录取。既往的招生制度，按照本科一批、二批分档单独录取，并且给民办普通二本 20 分的降档录取政策，可以弥补民办高校在录取过程中的实际困难。从近年的录取情况来看，民办高校通过征集志愿录取的比例每年都不低。

表 3-4　2017、2018 年民办普通本科征集志愿数

院校	年份	文史类	理工类	合计	在湘计划数	占比%
湖南涉外经济学院	2017	1196	860	2056	6058	34%
	2018	834	1238	2072	6058	34%
长沙医学院	2017	385	764	1049	3923	27%
	2018	330	1070	1400	3923	36%
湖南交通工程学院	2017	582	1160	1742	3764	46%
	2018	868	1071	1939	3764	52%
湖南应用技术学院	2017	634	749	1383	2698	51%
	2018	696	623	1319	2698	49%
湖南信息学院	2017	669	510	1179	4341	27%
	2018	597	642	1239	4341	29%

（数据来源：湖南招生考试信息港）

从上表可以看出，民办普通高等学校都要通过征集志愿来完成自己的招生计划，这里面隐藏的实际情况是：不少考生将民办高校作为最后的选择，或者是无奈之举。取消一本、二本分批录取后，民办高校的压力会更大。如果不能延续在未完成招生计划时降低 20 分录取的政策的话，民办高校将会面临每年不能完成招生计划的窘迫境况，随之而来的是招生计划的减少，进而进入恶性循环，给民办高等教育的可持续发展带来隐患。

高职专科招生制度对民办高校的不利影响。湖南2016版《方案》规定：改进专科高职统一招生方式。仅报考专科高职志愿的学生，只计语文、数学、外语3门统一高考成绩。专科高职依据统一高考成绩进行录取。从目前湖南民办高职专科学校的录取来看，不少学校采取的操作手法是：凡是入档的考生一律录取发录取通知书，专业一律服从学校安排，一律不退档。通过这种政策的擦边球式的操作尽可能录取考生，至于报到率那就看考生最后的决定和选择了。改进专科高职统一招生后，政策会越加透明，这种操作方式会受到限制。另外，单招在公办高职专科中的比例近年来不断提高，也在一定程度上挤压了民办高职高专的生存空间。受传统观念的影响，考生更愿意选择公办高校的单招。

二、新时代的历史定位与湖南民办高等教育可持续发展的机遇

经过长期努力，中国特色社会主义进入了新时代，这是我国发展新的历史方位。中国特色社会主义进入新时代，我国社会主要矛盾已经转化为人民日益增长的美好生活需要和不平衡不充分的发展之间的矛盾。党和国家事业发展对高等教育的需要，对科学知识和优秀人才的需要，比以往任何时候都更为迫切。人民美好生活需要日益广泛，需要更高水平的高等教育。新时代为湖南民办高等教育的发展提供了新的发展机遇。

（一）新时代的历史定位

十九大报告作出了中国特色社会主义进入新时代的科学论断。这个科学论断既是一个重大的政治判断，也是一个准确的科学判断；既是一个凝聚共识、汇聚力量的鲜明口号，又是一个鼓舞人心、催人奋进的响亮号角。

这个新时代，是承前启后、继往开来、在新的历史条件下继续夺取中国特色社会主义伟大胜利的时代。十九大报告指出："教育事业全面发展"。教育事业取得全面发展，当然离不开民办高等教育事业的发展。新的时代，正是民办高等教育发展的新机遇，习近平总书记提出要坚定实施科教兴国战略，优先发展教育事业，实现高等教育内涵式发展。特别强调"支持和规范社会力量兴办教育"①。有了党和国家对民办高等教育的重视，民办高等教育发展进入新时代，湖南民办高等教育一

①习近平.决胜全面建成小康社会　夺取新时代中国特色社会主义伟大胜利——在中国共产党第十九次全国代表大会上的报告.人民出版社，2017：46.

定不能落后于这个新时代,要在新的历史条件下走内涵式发展之路,实现可持续发展。

这个新时代是决胜全面建成小康社会、进而全面建设社会主义现代化强国的时代。教育兴则国家兴,教育强则国家强。建设教育强国是中华民族伟大复兴的基础工程。百年大计,教育为本。教育是人类传承文明和知识、培养年轻一代、创造美好生活的根本途径。全面建成小康社会是实现社会主义现代化建设宏伟目标和中华民族伟大复兴奠定坚实基础的关键一步,全面建成小康社会须大力发展教育。湖南在全面建成小康社会的道路上必须实施教育强省战略,大力发展民办高等教育,为建设富饶、美丽、幸福新湖南贡献力量,为全面建设社会主义现代化强国奠定智力基础。

这个新时代是全国各族人民团结奋斗、不断创造美好生活、逐步实现全体人民共同富裕的时代,也是湖南民办高等教育发展的新时代。十九大报告指出:坚持在发展中保障和改善民生。增进民生福祉是发展的根本目的。必须多谋民生之利、多解民生之忧,在发展中补齐民生短板、促进社会公平正义,在幼有所育、学有所教、劳有所得、病有所医、老有所养、住有所居、弱有所扶上,不断取得新进展,深入开展脱贫攻坚,保证全体人民在共建共享发展中有更多获得感。湖南省制定了《湖南省建设教育强省"十三五"规划》,提出了"加快发展民办教育"的战略举措。

这个新时代是全体中华儿女勠力同心、奋力实现中华民族伟大复兴中国梦的时代,是我国日益走近世界舞台中央、不断为人类作出更大贡献的时代。中国梦是人民的梦,是每个人的梦。党和国家做出了"优先发展教育事业"的战略选择。指出建设教育强国是中华民族伟大复兴的基础工程,必须把教育事业放在优先位置。湖南要紧紧抓住机遇,深化教育改革,加快教育现代化,办好人民满意的民办高等教育,为实现中华民族伟大复兴中国梦提供强大精神动力。

1. 社会主要矛盾的转变

中国特色社会主义进入新时代,我国社会主要矛盾已经转化为人民日益增长的美好生活需要和不平衡不充分的发展之间的矛盾。高等教育领域的矛盾同样表现为人民日益增长的优质高等教育的需要和高等教育发展不平衡不充分之间的矛盾,湖南民办高等教育的主要矛盾也表现为人民对湖南满意的民办高等教育与发展不平衡不充分的矛盾。

面对社会主要矛盾的转变,习近平总书记指出:"我们要随时随刻倾听人民呼声、回应人民期待,保证人民平等参与、平等发展权利,维护社会公平正义,在学有所教、老有所得、病有所医、老有所养、住有所居上持续取得新进展,不断实现好、维护好、发展好最广大人民根本利益,使发展成果更多更公平惠及全体人民,在经济社会不断发展的基础上,朝着共同富裕方向稳步前进”。①

以习近平同志为核心的党中央,始终坚持以人民为中心的发展理念,明确提出“我们的人民热爱生活,期盼有更好的教育……人民对美好生活的向往,就是我们的奋斗目标。”在十八届一中全会后中央政治局常委与中外记者见面会上,习近平总书记把“更好的教育”列为人民的期盼之一,重视程度可见一斑。②

教育部前部长袁贵仁也提出“要努力让13亿人民享有更好、更公平的教育。要把优先发展作为教育现代化的保障,不断扩大教育投入,逐步实现基本公共教育服务均等化,实现更高水平的普及教育,形成惠及全民的公平教育,提供更加丰富的优质教育。”③这为高等教育的发展提供了强大的动力和政策支持,也为民办高等教育的发展带来了新的机遇。

习近平总书记指出高等教育必须坚持走以提高质量为核心的内涵式发展道路,④时任教育部部长袁贵仁也对民办高等教育的发展做出重要指示:“不管公办民办,都是贯彻党和国家的教育方针,都在为社会主义培养建设者和接班人。只不过一部分是社会经费,一部分是政府经费。作为政府来说,民办教育发展得越好,是越值得高兴的事情!”⑤社会主要矛盾的转变为民办高等教育的发展提供动力,指明方向,必须满足人民对美好高等教育的需要,走内涵式发展之路,实现可持续发展。

2. 湖南民办高等教育可持续发展

新的时代,经济全球化、文化多样化和社会信息化深入发展,新一轮科技革命和产业革命蓄势待发,治理体系深刻变化,经济社会发展进入新常态,我省教育面临重大机遇和挑战。

从机遇看,我国全面建成小康社会,“一带一路”“互联网+”“中国制造2025”和长江经济带战略深入实施,国家区域战略加快向中西部地区倾斜,推出“大众创业、万众创新”重大决策部署,突出以改革发展成果增进全体人民福祉,为我省教育改革发展提供了广阔空间和强劲动力。我省成为内陆开放前沿,产业核心竞争力

---

①习近平在第十二届全国人大第一次会议闭幕会上的讲话(2013年3月17日),http://cpc.people.com.cn/n/2013/0318/c87228-20818234.html

②习近平在十八届一中全会后中央政治局常委与中外记者见面会上的讲话(2012年11月15日),http://cpc.people.com.cn/18/n/2012/1115/c350821-19591246.html

③袁贵仁:努力为全体人民提供更好的教育,http://theory.people.com.cn/n/2014/0120/c40531-24173646.html

④习近平.加快建设具有我军特色的世界一流大学.人民日报,2013,11(01).

⑤教育部长袁贵仁的中国教育梦是什么?.中国教育报,2013,11.http://blog.sina.com.cn/s/blog_99e32e7d0101cmie.html

特别是科技和教育水平持续提升，人力资本累积效应逐步显现，新型“五化同步”和“三量齐升”“一核三极四带多点”着力推进，为教育改革创新提供了良好环境和重要基础，我省教育进入大有作为重要战略机遇期。

从挑战看，我国经济社会发展正处于转方式、调结构的关键阶段，“全面二孩”政策实施，人民群众对教育的多元化多样性需求进一步增强，教育供给侧结构性改革成为新的关注热点；深入推进治理体系和治理能力现代化，对教育改革的系统性、整体性、协同性提出更高要求。我省经济社会发展还不充分，财政经济对教育的支撑保障能力不强；教育精准扶贫任务艰巨；学校安全和师生安全风险增多，维护教育系统安全稳定压力增大，我省教育改革发展面临诸多风险与挑战。

新时代湖南民办高等教育必须紧抓机遇，主动适应社会主要矛盾的转变，创新发展思路。政府、社会、民办高等教育举办者要协同一致，在省委、省政府做出进一步推进教育强省建设，如期基本实现教育现代化的蓝图下，依据《湖南省建设教育强省规划纲要(2010—2020年)》和《湖南省国民经济和社会发展第十三个五年规划纲要》等文件精神，按照《湖南省建设教育强省“十三五”规划》的要求，统筹谋划、精心布局，立足省情走内涵式发展道路，努力调和发展不平衡不充分的矛盾，实现民办高等教育的可持续发展。

第一，加大对民办教育支持力度。全面清理对民办学校的歧视政策，完善促进民办教育发展政策体系。加大财政支持力度，完善政府补贴和购买民办学校服务制度。取消民办学校收费审批、备案制度，实施民办学校自主定价、收费公示制度，建立市场调节、社会监督的价格机制。

第二，创新民办教育办学模式。探索实施民办学校分类登记、分类管理，建立非营利性和营利性民办学校差别性扶持政策体系，给予非营利性民办学校同级同类公办学校同等支持。探索政府与社会资本合作模式，鼓励社会资本参与教育基础设施建设和运营管理。探索混合所有制办学模式，鼓励国家机构以外的社会组织和个人以资本、知识、技术、管理、品牌等要素参与举办民办学校，允许公办学校与民办学校之间相互购买管理服务、教育资源、科研成果等。支持办学实力强、教育质量高、社会信誉好的营利性教育机构上市融资、集团式发展，多途径扩大教育资源。

第三，保障民办学校教师合法权益。落实《中华人民共和国民办教育促进法》规定，依法保障民办学校教师在业务培训、职务聘任、教龄和工龄计算、表彰奖励、社会活动等方面享有与公办学校教师同等权利。民办学校应依法聘用教师，明确双方的权利义务，并按合同规定及时兑现教职工的工资、福利待遇，为教职工缴纳社会保险费、住房公积金等。加强对民办学校教师合法权益落实情况的督查。

（二）双一流建设的发展前景与湖南民办高等教育可持续发展

1. 双一流建设

2015 年 8 月 18 日，中央全面深化改革领导小组第 15 次会议审议通过《统筹推进世界一流大学和一流学科建设总体方案》，决定统筹推进建设世界一流大学和一流学科。2015 年 10 月 24 日，国务院印发《统筹推进世界一流大学和一流学科建设总体方案》。

2017 年 1 月 24 日，经国务院同意，教育部、财政部、国家发展和改革委员会联合印发《统筹推进世界一流大学和一流学科建设实施办法（暂行）》。2017 年 9 月 21 日，教育部、财政部、国家发展改革委联合发布《关于公布世界一流大学和一流学科建设高校及建设学科名单的通知》，世界一流大学和一流学科建设高校及建设学科名单正式确认公布。2017 年 12 月底，北京大学、清华大学、复旦大学、上海交通大学、北京师范大学、中国农业大学、中国人民大学、南开大学等高校"双一流"方案陆续公布。方案是各高校围绕"双一流"建设总体目标，旨在开启中国特色、世界一流大学发展新征程的具体的"路线图"与"任务书"。

"双一流"建设就是提升高等教育的综合实力和国际竞争力，为"两个一百年"奋斗目标和中国梦提供有力支持的战略举措。"双一流"建设在"985 工程""211 工程"的基础上，打破了以往划定的学校资格界限，更加强调学科基础、绩效杠杆、动态考核，对提高资源配置效益无疑是重大的改进。"双一流"是要建设与中华民族伟大复兴、从大国迈向强国地位相称的世界级大学。国家是要通过世界一流大学建设使我国成为国际学术中心，从而引领世界教育。

2. 湖南省全面推进一流大学与一流学科建设实施方案

湖南具有厚重的湖湘文化底蕴，"惟楚有材，于斯为盛"一直都是湖湘文化的精神气概，经世致用从来都是湖湘文化的价值理念。三湘四水大学众多、人才汇聚，在"双一流"建设中必定要勇立潮头，奋力拼搏，决不能在新一轮改革中落败。湖南省委、省政府高度重视，教育界高度自觉，为建设"双一流"不遗余力。2017 年 2 月，湖南省人民政府公布《湖南省全面推进一流大学与一流学科建设实施方案》。为全省"双一流"建设提供了行动指南，确定了时间表、任务书、路线图，为湖南高等教育的可持续发展提供了保障。

3. "双一流"建设的发展前景与湖南民办高等教育可持续发展

"双一流"建设是党和政府在新时代的一个推动高等教育可持续发展的重大举措，为实现中华民族伟大复兴中国梦和建设富强民主文明和谐美丽的社会主义现代化强国提供智力支持的重大方略，为文化自信奠定厚重的文化基础。湖南"双一流"建设立足湖南实际，紧密对接创新驱动发展战略，为推动我省经济转型升级和建设富饶美丽幸福新湖南提供有力支撑,为湖南高等教育事业的可持续发展注入了强大动力。

《湖南省全面推进一流大学与一流学科建设实施方案》为湖南高等教育发展迎来了光明的前景,也为湖南民办高等教育可持续发展提供了契机。

"双一流"建设打破身份固化限制,民办本科院校一样可以根据本校的优势学科申请建设"一流"学科,与重点大学的申报标准并非同等要求。这样有利于民办高校发挥自身优势,建设自己的优势学科。通过参与"双一流"建设,既提升了民办高校的参与感,也促使民办高等教育举办者加大投资和考虑持续发展,然后通过"一流"学科的示范作用带动其他学科的发展,从而促进民办高等教育可持续发展。

动态管理为民办高等教育增添动力。《湖南省全面推进一流大学与一流学科建设实施方案》指出:"强化目标导向、过程管理和实绩考核,实施动态管理,着力构建优胜劣汰的良性竞争机制,激发高校的内生动力和发展活力。""双一流"建设单位并非一次定终身,这就自然使各高校产生危机感。有了危机感,就会激发内生力,促使民办高校强化"双一流"建设,走内涵式发展的道路。同时,动态管理原则倒逼民办高校加大对"双一流"建设的投资,强化学科特色,实现良性循环,从而实现可持续发展。

资金扶持政策有利于民办高等教育可持续发展。资金是民办高等教育可持续发展的一个重要因素。就目前的湖南民办高等教育的资金来源来看,最主要的是学生学费。通过立项"双一流"建设学科,民办高校能获得财政资助,促进学科发展。2017 年湖南省在"双一流"大学建设方面的投入高达 14.8 亿多元。① 通过"双一流"建设,既提升学科水平,又提高学校层次,也提高学校社会声誉,有利于可持续发展。

(三)新人口政策的生源保障与湖南民办高等教育可持续发展

1. 人口与高等教育

马克思曾经指出,人口是"全部社会生产行为的基础和主体"。以人的发展为中心、实施人口高素质教育战略、推行"终身教育"已经成为全球性共识。这一共识的形成,既与知识经济、信息时代的到来相关,又与人类社会变迁的全球化整体进程相联系。新中国的高等教育,是在改革开放历史进程中真正从"象牙塔"中走出来,并获得了迅速发展。它不仅为我国现代化建设培育了大量高素质人才,而且对我国人口整体素质的提高做出了重大贡献。现代高等教育,既是一个国家培养

---

①徐媛. 湖南公开建设双一流大学预算资金达 14.8 亿多元. 长沙晚报,2017, 3(9). http://hunan.ifeng.com/a/20170309/5448403_0.shtml

高素质人才的标志性工程,又是一个国家衡量其人口发展质量、劳动力、竞争力、人力资源结构合理性的重要指标。

每一个人的社会化过程,构成了人口的生命发展(自然属性)和社会发展的社会化过程。在我国,人口生命发展的社会化,其典型的是计划生育,而人口社会发展的典型过程是接受现代教育。从人的社会化角度看,教育是实现其社会化的重要途径和方式。一是人的社会化及人口社会发展的质量离不开教育尤其是学校教育;二是在现代社会中,人的社会化质量与人是否接受高等教育和是否有条件与能力实现终身教育直接相关;三是接受高等教育不仅是人的社会化最重要的阶段,而且是提高人的生命质量、生活质量和实现自身全面发展的最重要的基础与条件。

高等教育人口总量和结构一方面取决于高等教育年龄人口总量与结构,另一方面取决于受教育人口递进变化的历史积累情况。根据1982年、1990年、2000年、2010年人口普查和2005年、2015年1%人口抽样调查数据可知:根据2015年人口抽样调查推算,18~24岁人口规模为12158.00万人,比2010年的16971.13万人减少了4800多万人,下降的幅度超过1/4。与历史上高等教育年龄人口规模最大时期的1987—1992年的1.76亿~1.78亿人相比,下降了5000万人以上,下降幅度超过30%。[①] 随着人口年龄结构的变化,高等教育年龄人口总量也发生了变化,2015年全国高等教育年龄人口在校人数为3965.50万,比2010年减少了470多万人,减少了10%以上,高等教育年龄人口在校总量整体规模进入下降时期。

持续30多年的严格计划生育政策,其结果是对应的出生人口规模在快速波动中下降。有学者采用递进人口预测模型的年龄对人口规模进行预测,预测结果显示,预计今后高等教育年龄人口规模将持续稳定下降,人口规模从2015年的12849.16万人下降到2035年的9114.74万人,比2015年减少3700多万人,下降幅度接近1/3。[②] 可以预见,未来30年受人口规模因素的影响,以往教育扩张的历史趋势必将终止或逆转。

2.“全面二孩”政策与高等教育发展

2013年中共十八届三中全会决定、2014年启动实施的“单独二孩”政策,开创了中国生育政策调整的历史。2015年10月29日,中共十八届五中全会公报进一步提出“全面实施一对夫妇可生育两个孩子政策”。2016年1月1日开始全国统一实施全面二孩生育政策。全面二孩生育政策彻底改变了中国实施了35年的独生子女政策,不仅标志着严格生育政策的调整,也标志着人口再生产关系的转变。

①王广州.中国高等教育年龄人口总量、结构及变动趋势.人口与经济,2017,(6).

②王广州.中国高等教育年龄人口总量、结构及变动趋势.人口与经济,2017,(6).

有学者预测了“全面二孩”政策后的高等教育适龄人口，得到的预测数据为：2017—2021 年高等教育适龄人口快速下降，从 2017 年的 7800 多万下降至 2021 年的不足 7000 万，年均减少 176 万人，这种快速下降趋势可能会使我国高等教育普及化拐点提前到来。2017—2040 年高等教育适龄人口数的最低点在 2021 年，数量约为 6947 万人，与 2017 年相比，下降幅度约为 11%。最高点约在 2038 年到来，届时适龄人口将达到 8978 万人，与 2017 年相比，增幅超过 14%。①

高等教育毛入学率是指高等教育在学人数与适龄人口之比。适龄人口是指 18～22 岁年龄段的人口数。我国《国家中长期教育改革和发展规划纲要（2010-2020 年）》提出到 2020 年高等教育毛入学率达到 40%。教育部公布的《2017 年全国教育事业发展统计公报》则显示，2017 年全国各类高等教育在学总规模达到 3779 万人，高等教育毛入学率达到 45.7%。②

高等教育毛入学率是相对量，反映了适龄人口中参与高等教育的人口比重，高等教育在校生数则反映了高等教育规模的绝对量，在很大程度上影响着高等教育的可持续发展。2021 年在校生数将超过 4000 万人，2025 年达到 5000 万人，2030 年超过 6000 万人，2034 年将超过 7000 万人，届时在校生数是目前的 2 倍。③ 在“全面二孩”政策效应影响下，加上与高等教育毛入学率提高政策的双重影响下，实际在校生数有可能将在 2036 年超过 7500 万，峰值将在 2038 年到达，在校生数超过 8000 万。

“全面二孩”政策的实施将对我国社会发展产生广泛而深远的影响，我国高等教育普及化进程也将受该政策的影响。未来 20 年，我国高等教育发展阶段将迎来从初级普及化到高级普及化的历史性变革。2030 年，我国高等教育毛入学率将达到 80%，迎来高等教育普及化的高级阶段。2018—2038 年我国高等教育在校生数将稳步增加，会给高等教育持续发展提供源源不断的生源保障。

3. 新人口政策与湖南民办高等教育可持续发展

自扩招以来，大多数高校、特别是高职、民办院校走的是一条数量扩张型的发展之路，充足的生源是这类院校发展的基础。在将来一个较长的时间段内，生源依然是民办高等教育可持续发展的一个重要的因素。

根据湖南省的统计公报，截至 2016 年年底，湖南省人口总数为 7318.81 万人。

---

①李硕豪，耿乐乐，富阳丽.“全面二孩”政策下我国高等教育普及化进程. 开放教育研究，2018，(3).

②2017 年高等教育毛入学率达 45.7%，http://sa.sogou.com/sgsearch/sgs_tc_news.php?req=itzlnVR0ZmG7epVZiQ_9gZgYtzzhSgmw5xsjF_KsEmkYHQzmsOJgeOm2H7J-4QFl&user_type=1

③李硕豪，耿乐乐，富阳丽.“全面二孩”政策下我国高等教育普及化进程. 开放教育研究，2018，(3).

普通高校在校生人数为122.47万人,每万人在校大学生人数为225.1。① 根据湖南省教育厅发布的信息,2017年全省高考报名人数达41.08万,比2016年增加9200人。

2017年2月20日,湖南省发展和改革委发布《湖南省"十三五"人口发展规划》,提出"到2020年,人口年均自然增长率控制在8.5‰以内,全省户籍总人口达到7600万人左右,常住人口数达到7050万人左右。"②根据中国社会科学院人口与劳动经济研究所王广州研究员的人口预测软件(CPPS)对湖南省未来人口发展趋势进行预测,湖南人口峰值将出现在2030年前后,届时湖南总人口数将达到8230万(年均自然增长率为8‰)。而新人口政策实施的"全面二孩"政策,将使年均自然增长率略有提高,预测到2030年湖南总人口将达8341万(年均自然增长率为8.5‰)。

2010年,湖南省高等教育毛入学率为25%,《湖南省建设教育强省"十三五"规划》提出:湖南高等教育毛入学率2020年达到50%。按照这一规划进行简单比例预测,2030年高等教育毛入学率将达到75%。依据2016年湖南实际在校大学生人数122.47万到规划的2020年的165万,年均增长率为8%。依据这一基本增长率综合考虑高等教育毛入学率,预计到2030年湖南在校大学生人数将达到356万人,每万人在校大学生人数将达426。

综上所述,随着新人口政策的实施,湖南人口将会在2030年达到峰值,但随着教育强省规划的持续推进,高等教育毛入学率会持续提高。这两个因素都会在这段时间内出现叠加效应。另外一个不可忽视的原因是随着中国特色社会主义进入新时代,人民对美好生活的需求不断增加,对高等教育的需求也会不断增长。在这众多有利因素的共同影响下,将会为湖南民办高等教育提供可观的生源,至少在生源方面可以保证民办高等教育的可持续发展。

(四)2016版《中华人民共和国民办教育促进法》的政策支持与湖南民办高等教育可持续发展

1.民办教育法规的发展历程

民办教育是在改革开放的春风中勃兴的,民办高等教育立法工作也是伴随着改革开放的不断深入而不断完善的。改革开放以来,与民办高等教育的逐步兴起相适应,我国民办高等教育的法律规制逐步经历了从无到有、从宏观到微观、从粗糙到精细的进程。

---

①湖南统计年鉴2017—人口,http://data.hntj.gov.cn/sjfb/tjnj/17tjnj/indexch.htm

②湖南省"十三五"人口发展规划,https://mp.weixin.qq.com/s?src=3&timestamp=1534983882&ver=1&signature

1982年通过并实施的《中华人民共和国宪法》明确规定："国家鼓励集体经济组织、国家企业事业组织和其他社会力量依照法律规定举办各种教育事业。"这从根本法意义上认可了民办教育包括民办高等教育的合法地位。1997年7月31日，国务院颁布行政法规《社会力量办学条例》，首次相对完整地对民办教育包括民办高等教育中的基本问题进行了规定。同年10月14日，国家教委发布了《实施〈社会力量办学条例〉若干问题的意见》。《意见》的出台对于调动、保护和发挥社会力量办学的积极性，维护举办者、教育机构及其教职工和学生的合法权益，全面规范社会力量办学活动，全面提高办学水平和教育教学质量，加强和规范对社会力量办学的管理，促进社会力量办学健康发展，都具有十分重要的意义。

2002年12月28日，《中华人民共和国民办教育促进法(草案)》经过第四次审议，在九届全国人大常委会第31次会议上高票通过，这标志着中国民办教育包括民办高等教育立法进入了崭新的阶段。《中华人民共和国民办教育促进法》明文规定："民办教育事业属于公益性事业，是社会主义教育事业的组成部分""国家对民办教育实行积极鼓励、大力支持、正确引导、依法管理的方针"，并确定了对民办教育的扶持与奖励政策。为贯彻落实《中华人民共和国民办教育促进法》，经2004年2月25日国务院第41次常务会议通过，《中华人民共和国民办教育促进法实施条例》自2004年4月1日起施行。《中华人民共和国民办教育促进法实施条例》对民办教育的设立、组织与活动、资产与财务管理、扶持与奖励、法律责任等做出了详细规定，为民办高等教育的可持续发展提供了法律保障。

中国特色社会主义进入新时代，随着我国经济社会的发展和民办高等教育事业的发展，民办高等教育出现了许多新的问题，2002版的《中华人民共和国民办教育促进法》已经不再适应新时代的发展需要。新的《中华人民共和国民办教育促进法》由中华人民共和国第十二届全国人民代表大会常务委员会第二十四次会议于2016年11月7日通过，并自2017年9月1日起施行。其中一个很大的变化是明确"民办学校的举办者可以自主选择设立非营利性或者营利性民办学校"。非营利性民办学校的举办者不得取得办学收益，学校的办学结余全部用于办学。营利性民办学校的举办者可以取得办学收益，学校的办学结余依照公司法等有关法律、行政法规的规定处理。这一改变将会对民办高等教育的可持续发展产生重大影响。

2. 2016版《中华人民共和国民办教育促进法》(以下简称2016版《民办教育促进法》)解读

2016版《民办教育促进法》是新时期国家着眼于科教兴国战略，为实现中华民族伟大复兴的中国梦在民办高等教育领域的重大改革，新法对旧法进行了若干修改，确立了民办学校分类管理的发展路径、界定了营利性学校与非营利性学校的标准、增强了民办学校中党的建设、加强了对教职工权益的保护和强调了对民办学校的相关规制。对于我国民办教育的规范与可持续发展,具有极其重要的意义。分类管理的发展路径为民办高等教育发展提供更多的选择空间。

2016 版《民办教育促进法》第 19 条第二、三款规定:"非营利性民办学校的举办者不得取得办学收益,学校的办学结余全部用于办学。营利性民办学校的举办者可以取得办学收益,学校的办学结余依照公司法等有关法律、行政法规的规定处理。"《中华人民共和国教育法》的修正和《中华人民共和国民办教育促进法》的修正,意味着营利性学校具有合法性,也就意味着纲要中所规定的民办学校分类管理的探索和试点具有了合法性。它使得营利性学校和非营利性学校的产权得以明晰,两类民办学校按照自己的属性健康发展。①

加强党的建设确保了民办高等教育的办学方向。由于民办高校大都采取的是董事会领导下的校长负责制,既往的民办教育法规对民办高等学校的党建工作也重视不足,造成民办高校党建工作的薄弱,有些民办高校的党委也是形同虚设,严重影响了民办高校的发展,也在一定程度上影响了民办高等教育的可持续发展。毕竟民办高等教育的举办者商业影响较深,不少民办高校的举办者把高校作为企业来办。新的《中华人民共和国民办教育促进法》则明确了民办学校中党的作用和建设问题。新法第 9 条规定"民办学校中的中国共产党基层组织,按照中国共产党章程的规定开展党的活动,加强党的建设。"这一规定有利于增强党在民办学校中的作用,也有利于民办学校的健康发展。②

加强了教职工权益的保护,更有利于教职工与学校的协同发展。由于民办高校身份的非公有制事业单位的尴尬性,既非事业单位又非企业,又像事业单位又像企业。2016 版《民办教育促进法》规定"民办高校属于公益性事业",但绝大多数的民办高校的教职工购买的保险却是企业性质的。这在客观上造成民办高校的举办者和教职工各自都心理默认的"劳资"关系。举办者把教职工当成赚钱的工具,教职工都以打工者自居,均不考虑学校的长远发展,严重地制约民办高校的持续发展。2016 版《民办教育促进法》虽然依然承继了民办高校非公有制事业单位的属性,但在保障教职工权益方面有了明显的改进。新法第 31 条第一款增加了"保障教职工的其他合法权益",增加第二款"国家鼓励民办学校按照国家规定为教职工办理补充养老保险"。补充养老保险,解决教职工的后顾之忧,拉近了与公办高校教职工的差距,有利于稳定教职工队伍,有利于教职工以校为家,与学校融为一体,促进学校的可持续发展。

---

①余中根. 2016 版《民办教育促进法》的意义、不足及完善建议. 河南农业,2017,(12)(下).

②余中根. 2016 版《民办教育促进法》的意义、不足及完善建议. 河南农业,2017,(12)(下).

3. 2016 版《民办教育促进法》与湖南民办高等教育可持续发展

2016 版《民办教育促进法》的颁布,从法律上破解了困扰民办教育发展的学校法人属性不清、财产归属不明、支持措施难以落实等瓶颈问题。扩展了民办教育发展的空间,明确了民办教育的发展形式,有利于政府加大扶持力度,落实差别化扶持政策,促进非营利性和营利性这两类民办学校各安其位、健康发展。2016 版《民办教育促进法》第 46、第 47、第 51 条对民办学校的扶持政策、税收优惠政策和用地优惠政策做了规定,为湖南民办高等教育的可持续发展提供了法律保障。

分类管理原则有利于民办高等教育发展方向的选择。在不明确分类管理的原则前,许多民办高等教育的举办者畏首畏尾,在取得合理收益时瞻前顾后,害怕触犯法律。而事情的另一方面却是很多民办高等教育的举办者又在各种手段的掩盖下将资产转移,从事别的行业,极不利于民办高等教育的发展。分类管理原则更加有利于民办高等教育的可持续发展,无论是选择营利性还是非营利性,都对资金加强了管理,这样更有利于民办高等教育举办者将资金用于学校发展。

党建工作的加强保证了民办高校可持续发展。十九大报告强调:“党政军民学,东西南北中,党是领导一切的”。习近平总书记指出,办好我国高等教育,必须坚持党的领导,牢牢把握党对高校工作的领导权,使高校成为坚持党的领导的坚强阵地。民办高校作为高等教育的重要组成部分,同样要成为坚持党的领导的坚强阵地。早在 2007 年,湖南就在全国率先探索向民办高校选派党委书记,湖南省委高度重视,出台《关于加强民办学校党的建设工作的实施意见(试行)》,2017 年 5 月,湖南重新修订《向民办普通高校选派党委书记的实施办法(试行)》,向所有民办高校派驻了党委书记。2016 版《民办教育促进法》的出台,进一步明确加强民办高校的党建工作。湖南在原有工作的基础上,实现所有民办高校党委书记派驻全覆盖,充分发挥高校党组织的战斗堡垒作用,确保了民办高校的办学方向,促进民办高校可持续发展。

加强教职工的权益保障,促进了民办高校的可持续发展。民办高校与教职工鱼和水的关系,只有教职工的权益在得到充分保障的条件下,民办高校才能得到更快发展。2016 版《民办教育促进法》第 27 条规定:“民办学校依法通过以教师为主体的教职工代表大会等形式,保障教职工参与民主管理和监督。”这就以法律的形式进一步保障了教职工的权益,让全体教职工消除了后顾之忧,全身心投入教育事业中去,确保教学质量。截至 2018 年,湖南所有民办高校都以教职工代表大会的形式加强了教职工参与学校管理和发展的事务,从而促进了教职工与学校的融合,有利于民办高校的可持续发展。

第四章　新时代湖南民办高等教育可持续发展的国内外借鉴

一、国外私立高等教育可持续发展的经验及启示

国外私立高等教育走过了较长的道路，积累了不少的经验，不少私立高校成为世界级名校，为私立高等教育的发展提供了借鉴。美国、日本、印度私立高等教育均蓬勃发展，为这些国家的社会经济发展贡献了力量。韩国、俄罗斯、澳大利亚等国的私立高等教育也各具特色。国外私立高等教育的可持续发展经验为湖南民办高等教育的可持续发展提供了启示。

（一）美国私立高等教育可持续发展经验及启示

1. 美国私立高等教育概况

美国的高等教育，在世界上一直领先，全美国的各类大学近 4000 所。美国的教育体系主要由公立大学和私立大学所组成。私立学校包括宗教团体的教区学校、非营利独立学校和营利的私立学校。私立学校的收费根据所处不同地区、学校开支，以及学费以外其他资金来源，而差异很大。公立和私立大学的根本区别并不是在于经费的来源，而是控制学校的是政府还是私人。私立大学虽然属于个人，但是政府对私立大学也有一定的控制能力，这一般取决于私立大学接受财政援助的多寡。

美国私立高等院校的历史比公立院校远为悠久，美国传统名牌大学如东部常春藤联合会的 8 所院校（哈佛、普林斯顿、耶鲁、宾夕法尼亚、康奈尔、布朗、达特茅斯、哥伦比亚，都是私立大学）。在美国，许多私立院校享有其他国家私立院校所难以企及的声誉，使各州的公立院校不得不在质量上向它们看齐，对维持高水准的美国高等教育起着重大作用。美国高等教育的成功主要得益于美国私立大学体制的灵活与高效。美国的私立大学有私人捐赠基金的支持，并拥有自主的办学方针和自己的办学特色。在这样的学府里，领导团队通常都由经验丰富的教育人士组成，有出色的想法和灵活的决策机制。这一切使得私立大学成为美国高等教育的核心力量。

2. 美国私立高等教育发展经验

美国的私立大学之所以如此成功，首先，它们比公立大学在办学宗旨、学科设置、学术自由、制度创新、日常管理等方面有更多的自主权；其次，在培养人才、科学研究和服务社会方面有更大的灵活性，更容易与时俱进，从而更好地满足社会和市场需求；再其次，私立大学小班授课多，师生关系更加密切，学生、家长及校友对学校的感情更深，有利于学校拓展人脉，多渠道筹集资源。

美国私立高校设置灵活，美国有一套多层次、多模式的高等教育质量评估体系，民间尤其是同行高校在其中发挥了重要作用。经过多年发展，美国高教界现在已有约 80 个全国性、区域性和职业性评估（accreditation）机构。它们定期对所属高校进行质量评估，并将结果公布于众，供政府、学生、家长和社会使用。美国联邦政府教育部对高校并不直接进行质量监控，而是通过对上述评估机构的认可（recognition）间接地施加影响。目前，美国联邦政府教育部认可了上述评估机构中的大多数。它手里有联邦助学金项目及其他联邦项目。不经过美国联邦政府教育部认可机构的评估，高校就得不到这些项目。美国民间还有一个“高等教育评估委员会”，拥有 3200 多所高校会员。该委员会认可了上述评估机构中的 60 个。美国政府还在奖学金、科研经费、就业政策等方面对私立大学采取一视同仁的政策。同时，它为社会捐赠制定了优惠的税务政策，以鼓励各界支持高等教育。

3. 美国私立高等教育启示

美国之所以成为举世公认的高等教育大国和强国，私立高等教育机构起到了重大作用，其经验值得中国在从教育大国迈向教育强国的道路上借鉴。

（1）资金支撑体系及启示。美国私立高等教育在其历史发展中逐步形成了多元化的资金支撑体系，其资金来源主要包括：学杂费、创收、政府资助、捐赠等。联邦、州和地方政府都对私立高等教育有资助，如复员军人助学金、院校工读项目教育机会助学金、佩尔助学金等。各州政府也都有某种形式的学生资助项目，州和地方政府的研究和发展资助拨款也日益成为私立高校资金收入的重要来源，州政府还通过减免税的形式资助私立高校。美国私立高等教育资金支撑体系为湖南民办高等教育可持续发展提供了借鉴和启示。

第一，制定政府资助政策。美国政府把高等教育看成强国之本，无论是私立还是公立，都积极资助其发展。湖南人口众多，虽然湖南高校的数量相对较多，但与 6600 万人口依然不相称。由于政策的原因，新建公办高等学校非常困难，而新建民办高等学校成为当下解决湖南高校数量不足的主要途径。资金在民办高校的建设中起着举足轻重的作用，虽然我省对通过办学年检合格的民办高校有每年 40 万的专项资助资金，但总体不足。政府可在某些范围采取资助政策，可制定体现私立高校与公立高校平等竞争的政策。从本质上看，民办高等教育承担着与公办高等教育同样的工作,政府根据实际情况制定资助政策也是合理的。

第二,采取有利于民办高校资金筹措的配套措施。针对高额学杂费,美国政府的做法是采取提供低息贷款、奖学金,给予全日制学生家长特殊税收豁免权等配套措施。由政府制定关于捐资助学的减免税政策,对捐资者给予社会荣誉,以激励经济较发达的地区捐资办学。

第三,实行企业化经营。与企业合作,尤其是与当地企业合作开发新产品,提供培训,以寻求经费支持。在校产经营方面,民办高校可通过经营饭店、房地产、设备、场地等校产获得收入,对于已积累一定资产的学校,可成立经营公司,使校产增值。民办高校可凭借灵活的政策,向"教育—产业"一体化方向发展,走"以产养学"的路子。也可采取多种形式与企业、与境外合作办学,设法通过银行贷款、向公众募集资金等形式进行融资,以获得更多的办学资金。①

(2)慈善捐赠及启示。慈善捐赠在美国私立高等教育的产生与发展的历程中发挥了巨大的作用,具有非常重要的意义。美国私立高等教育捐赠主要有殖民时期的私人捐赠、中华人民共和国成立后工商界慈善捐赠、慈善基金会(如洛克菲勒基金会、卡内基基金会、福特基金会)捐赠和校友捐赠。其中校友捐赠成为美国私立高等教育发展的重要资金来源,美国私立高等教育的慈善捐赠为湖南民办高等教育可持续发展提供了启示。

第一,大量的慈善捐赠为不同时期的私立院校提供了急需的经济来源,使一些院校克服了暂时的经济困难,并为一些院校的发展与革新奠定了坚实的经济基础。湖南要充分发掘慈善文化,宣传熊希龄热心办学的故事和慈善精神,宣传章士钊对湖南旅法勤工俭学运动的支持以弘扬慈善文化,提高对湖南民办高等教育的捐赠力度。

第二,慈善捐赠通过实现特定的目标,促进了民办高等教育的结构调整和革新,使民办高等教育与社会发展的联系更加紧密。使整个高等教育的课程结构、价值取向发生了根本变化,加强了高等教育与工商业的结合,增强了高等院校的社会服务职能。

第三,慈善捐赠使民办高等院校能够充分满足不同利益群体的要求,促进高等教育的多样性和多元化。与政府的财政资助相比,慈善捐赠具有非计划性、非政府性和灵活性等特征,可以鼓励私立院校大胆创新,开展一些不受限制的改革试验,促进办学模式的多样化。同时,慈善捐赠可以弥补政府计划的不足,满足特殊群体

①王金瑶,来明敏.美国私立高等教育发展的资金支撑体系及启示.高等工程教育研究,2003,(4).

的要求。[①]

(3)办学模式及其启示。办学模式是影响教育发展的一个重要因素,法律体系的健全有力、非营利与营利的分野而治、共同治理的有效践行和资源配置的共享多赢是美国私立高等教育的重要模式。特别是康奈尔大学的"一校两制"办学模式和凤凰大学的企业化办学模式为新时代湖南民办高等教育可持续发展提供了新的方向。

第一,康奈尔大学的大部分学院为完全私立的模式,但它却有3所本科学院和1所研究生院接受纽约州政府的资助。属公立部分的合同学院,受纽约州政府的资助,由纽约州政府按合同方式给康奈尔大学拨款。其私立部分和公立部分的标准也不同,并且纽约州的公民入读公立部分就有学费减免政策,这为当地经济社会发展提供了便利。此外,它的每个学院在运作时拥有自主权,可以自订学术计划、自主招生和自行授予学位,这种精准招生政策和市场化订单式培养模式为新时代湖南民办高等教育的发展提供了新的选择。

第二,在民办高等教育领域,受传统观念的制约和新的《中华人民共和国民办教育促进法》的影响,民办高等教育的举办者毫无疑问地选择了非营利性性质,这在一定程度上限制了民办高等教育的多样性发展道路。凤凰大学采用网上授课,不设学期。与接受政府资助的公立大学和私立非营利大学不同,凤凰大学是完全依靠收取适度学费来运作的营利性私立大学,因此,它是完全按照现代股份有限公司模式创建的教育公司,实行企业化的运作模式。[②] 而其培养的学生主要为23岁以上、已就业的专业人士,侧重于那些学历层次偏低、又有一定工作经验的在职人员。在MOOC逐渐普及的信息时代,这种模式值得借鉴。

(4)分类管理及其启示。[③] 在美国,私立学校需要严格按照"禁止分配限制"划分为营利性学校和非营利性学校两类,营利性私立大学可以将其净收入分配给其股东,而非营利性私立大学的净收入只能用于学校的运营与发展,不能够在成员中分配。所谓"禁止分配限制"是指私立大学可以把成本剔除后的纯收入在组织成员中分配的是营利性组织,否则则是非营利性组织。[④] 这种分类管理的出现和实施,从制度上保证和促进了两类大学的规律发展,避免了界限模糊造成的非营利性与营利性交汇性混乱。不仅如此,美国的私立高等教育在产权、设立与退出、经费来源、税收、行政等各方面均实行分类管理,形成了较为成熟的分类管理机制。其

---

①张旺.慈善捐赠与美国私立高等教育的形成与发展.比较教育研究,2005,(5).

②顾美玲.美国私立大学办学模式对促进中国民办高等教育发展的启示.四川师范大学学报(社会科学版),2010,(4).

③王诺斯,张德祥.美国私立高等教育分类管理的经验与启示.教育科学,2016,(2).

④袁征.美国营利和非营利学校的分界.教育发展研究,2010,(10).

"禁止分配限制"以结果为判定原则,与我国民办高等教育的动机判定原则有根本性的区别,这一区别更有利于私立高等教育的发展。在依法治国的大背景下,湖南民办高等教育势必走分类管理之路。

(5)自主性及启示。自主性是积极性发挥的前提,自主性是美国私立高校得以蓬勃发展的重要原因。美国联邦政府对私立高等教育的发展进行宏观引导,实施间接管理。一是通过立法和财政资助手段;二是通过鉴定机构的评估以保证私立高校的教育质量。自主性管理原则为美国私立高等教育提供了广阔的空间,也为湖南民办高等教育可持续发展提供了借鉴。

(二)日本私立高等教育可持续发展经验与启示

1. 日本私立高等教育概况

日本现代私立高等教育起源于明治维新时期,最早的当数早稻田大学和庆应义塾大学。二战后,日本的私立高等教育得到快速发展,1947 年日本颁布《学校教育法》,确定了国立、公立和私立学校并存发展的政策。1949 年日本政府又颁布《私立学校法》,规定了尊重私立学校自主性、实现私立学校公共性和公共资助私立学校的办学三原则,为私立学校的发展提供了法律保障,私立学校也得到了振兴和发展,鼎盛时期,私立大学的学生数甚至占到大学在校生总数的 80%。二战后日本私立高等教育成为高等教育大众化的主要承担者,为日本经济社会的恢复与发展做出了巨大贡献。

2. 日本私立高等教育发展经验

日本私立高等教育成就的取得得益于日本社会形成的内外部环境。一是由政府和社会所构成的外部环境因素;二是由学校自身所构成的内部因素。外部因素主要包括:健全的法律法规是其健康发展的重要保障;政府的财政支持;民众的认可和支持。1899 年,日本政府就颁布了《私立学校令》,对私立学校的设置、办学、管理等做出了明确的规定。1949 年又制定了《私立学校法》作为二战后私立学校办学、发展的基本法律根据。从 20 世纪 70 年代开始,日本政府就对私立高等教育实行补助金制度。1975 年更是颁布了《私立学校振兴助成法》,对私立高等教育进行大量的补助,并将这一政策固定化、法制化。不仅如此,日本还通过私学振兴财团的融资事业以及低息贷款、减免税收等实施间接的经费支持。随着私立学校的发展,私立学校逐渐得到大众的认可,私立大学成为一种面向大众的大众化高等教育系统,具有广泛的群众基础。

内部因素主要包括:注重办学质量是其发展的生命线;注重特色发展是其生长点;注重社会适应性和自我调适功能是其发展的持久动力。日本私立大学一直都把如何提高办学质量,以吸引更多的学生作为私立高校发展的生命线。私立大学不断加强自身管理,提升质量以赢得生源和社会认可度。日本的私立高校不仅定位合理,具有明确的办学理念和培养目标,而且扬长避短,形成了自己的特色。如早稻田大学旨在培养"在野精神",以商学、医学著称;庆应义塾大学则旨在继承和发展中产阶级特有的文化与教养,以文学、政治学闻名。日本私立高等教育具有较强的社会适应性和自我调适功能,能够根据社会发展对人才需求的变化及时调整学科专业设置。

3. 日本私立高等教育启示

日本的私立高等教育在全球来说都是相当成功的,为社会发展和进步做出了杰出的贡献。日本私立高等教育的经费政策、公益性维护、内涵式发展、大众化走向以及其行政管理体制都为湖南民办高等教育可持续发展提供了借鉴。

(1)经费政策及其启示。日本《私立学校法》第 59 条明文规定:"国家和地方公共团体应当重视振兴教育的必要性,遵照法律的条款,对学校法人、私立学校教育给予必需的资助。"注意法律条文使用的是"必须"而非"应该"等不具备强制性的词语。这体现了日本政府对私立高等教育经费资助的重视程度。1970 年成立了日本私学振兴财团,颁布了《日本私学振兴财团法》,规定财团法人的资金全部由政府负担,加强了政府对私立学校的经费支持。1975 年又制定了《私立学校振兴援助法》,开始在法律上明确政府资助私立高等教育的政策。1976 年,日本政府制定了《学校法人会计基准》(于 1987 年修订)。该法建立了学校法人财务管理和审计制度。此外,日本还建立了私立高等教育补助金制度。这些政策都为湖南民办高等教育可持续发展在经费政策上提供了借鉴和启示。

加强法制建设,从法律上规范民办高校的经费及管理。政府通过立法,加强引导和管理,从而发挥和加强民办高校的公益性;保障举办者的合法权利,从而做到"有法可依";规范政府行为,包括经费和管理政策;设置相应的管理机构来加强对民办学校经费的规范管理。这样不仅可为国家对民办高校的经费运作实施管理提供依据和保障,保护学生及家庭的经济利益和社会捐资者的合法权利,而且也能促使民办高校的运作进一步规范化、法制化。①

政府应重视对民办高等学校的财政资助。日本之所以能办出一批高水平的私立院校,其重要原因是政府给予一定的财政资助。客观地说,民办高校在教育本质、培养人才、促进社会经济发展等方面均与公办高校没有本质区别,虽然国家允许民办高校在学费上可以根据国民经济水平提高其标准,但政府应该有义务对民办高校进行一定比例的财政资助,然后在政府的约束下适当降低民办高校的学费。

(2)内涵式发展及其启示。20 世纪 80 年代,在经历了数量上的扩张后,日本

---

①张俊,周洁,胡跃梅. 日本私立高等教育的经费政策及启示. 科技广场,2009,(2).

政府调整了整个教育发展模式，促进日本私立高等教育走上内涵式发展的道路。日本政府出台了一系列基于公平竞争视角的日本高等教育内涵式发展战略规划，大幅度地提升了私立大学的教学质量和科研水平。2001 年 1 月，日本文部科学省颁布了《21 世纪教育新生计划》，其目标是促进学校、家庭和社区的复兴。6 月，又发表了《大学结构改革方针》，提出国立大学重组合并、国立大学法人化、引入第三者评价等一系列改革措施，进一步实施大学的结构改革。2002 年度，实施了《21 世纪 COE 计划》。COE 即 Center of Excellence，意为“卓越研究基地”。2007 年，《全球 COE 计划》开始启动。这两个计划都得到了政府财政的大力资助，总计拨款 2483 亿日元。2004 年 4 月，日本政府进一步实施国立、公立大学法人化的改革。其核心要素是运用市场机制原理，弱化政府管制，引进第三者的大学评价机制。12 月，日本中央教育审议会公布了《高等教育未来展望》报告书，报告书构想了 2015—2020 年间日本高等教育的发展态势。2008 年 7 月，日本内阁通过了日本教育史上的第一个《教育振兴基本计划》。

第一，打通民办高校高端师资引进的瓶颈。加强民办高校人才引进机制创新，打破固有定式，建立公办高校和民办高校人才流动机制，尝试博士和副教授级人才纳入政府的事业编制体系，解除民办高校高端人才的后顾之忧。

第二，从经费和政策上重点扶持一批具有较高水平的民办高校，提高其办学质量和科研水平，使其逐步进入研究型大学、教学研究型大学的行列，改善民办高校普遍在低水平上徘徊发展的现状。①

(3)公益性维护及其启示。在保障私立高等教育公益性方面，日本政府从私立学校的性质、设立、内部管理体制及其经营管理等各方面，均从法律上作出了具体的“公益性强制”，以维护私立高等教育的公益性。首先，以法律形式明确私立高等教育的公共属性。1947 年颁布的《教育基本法》规定：“法律所承认的学校，是具有公共性质的”②1950 年颁布的《私立学校法》再一次明确“私立学校的公共性”的公共属性。其次，对私立高校设置作出“公益性”规定。日本《私立学校法》明确私立大学按“学校法人”进行依法登记注册，学校法人的设置者必须是不以营利为目的的公益法人。作为私立学校设置者的学校法人，是具有公共性质的非营利法人。最后，对私立高校法人治理制度作出规定。日本《私立学校法》《学校教育法》均从法律条文中规定私立高校法人治理制度应以实现私立高校的公共性为前提，阻止了私立大学管理上的家族化。此外，日本政府还在公共财政资助上维护私立高等教育公益性。日本私立高等教育的各项政策为湖南民办高等教育可持续发展

①樊继轩. 日本私立高等教育内涵式发展战略及启示. 中国成人教育研究，2018，(4).

②国家教委情报室. 日本教育法规选编. 教育科学出版社，1987：2.

提供了新的政策设计。

第一,构建健全的民办高等教育法规体系。公益性是高等教育的本质属性,是民办高校持续健康发展的战略性问题,起着方向性的作用。日本的私立高等教育正是依靠完备的法规制度,公益性才得到了切实、有效的维护。因此,当前政府应借鉴日本政府“法律行政”的经验,尽快完善民办高等教育法律政策体系,从法律上对民办高校的法人性质、产权制度、内部管理体制以及办学监督等方面作出“公益性强制”,为我国民办高等教育“公益性”的实现提供法律保障。

第二,健全公共财政资助。为了减轻私立高校的财政负担,日本政府先后制定了五个法规制度,从法律上对国家援助资金的来源、援助的范围、计算方法以及援助要求等方面做了详细规定,形成了一整套公共财政资助制度。这些制度极大地减轻了经济负担,有助于学校办学条件的改善与教育质量的提升,有效地遏制了私立高校的营利行为,保证了私立高等教育的公共性与公益性。①

(三)印度私立高等教育发展经验及启示

1. 印度私立高等教育概况

印度私立高等教育历史悠久,是两千多年前就由帝王或私人捐赠而设立和维持的私立高等教育机构,如著名的塔克什舍拉和那烂陀寺大学以及公元 4 世纪的超戒寺大学。但在 16 世纪前,印度私立高等教育沿着传统轨迹缓慢发展。16 世纪以后,印度一步步沦为英国殖民地,其私立高等教育开始走上近代化道路。19 世纪末 20 世纪初,印度民族独立运动蓬勃发展也促进了印度私立高等教育的发展。到 1947 年印度独立时,私立高等教育在高等教育体系中已居于主体地位。独立后,印度实施学生只要通过由各邦中等教育委员会或大学组织的中学毕业考试就可入读高等院校的“开放政策”,刺激了印度私立高等教育的规模扩张。在印度独立后的半个世纪里,私立学院净增 6200 多所,被印度学者称为“爆炸式扩充”。二十世纪七八十年代,印度自筹经费私立学院规模快速增长,到 20 世纪末,印度一些邦的自筹经费学院在高等教育机构中超过了 50%。私立大学成为 21 世纪以来印度私立高等教育的重要形式。在全国 367 所大学中,私立大学约 100 所;17590 所学院中,受助私立学院 5750 所,自筹经费学院 7540 所。②

2. 印度私立高等教育发展经验

印度私立高等教育受印度的特殊国情影响,情况复杂,办学层次和水平千差万

①陈文联. 日本私立高等教育公益性的维护及对我国的启示. 浙江树人大学学报,2015,(3).

②张继明,张丽丽. 近代以来印度私立高等教育发展历程及启示. 贵州师范大学学报(社会科学版),2018,(1).

别，但依然取得不小的成绩，积累了许多可供资鉴的经验。

首先，构建外部质量保障体系。为改善私立高等教育的发展现状，印度政府从前期准入与后期管理等维度构建外部质量保障体系。印度通过制定政策法规来保障私立高等教育质量，例如在《大学拨款委员会法》《国家教育政策》中均有提高私立高等教育质量的规划；1986 年印度制定《国家新教育政策》及其《行动计划》，旨在追求高等教育的“质量和卓越”；从 20 世纪 90 年代开始，政府建立了一些专门的质量保证和认证机构，强化院校认证与办学水平评估。从 2006 年至 2007 年，印度政府先后出台《2020 年印度展望报告》《“十一五”高等教育发展规划》，对私立高等教育改革和发展提出了规划。2012 年出台的《“十二五”发展计划》，吸引和留住全球高素质的教师，这有利于私立院校逐渐提高办学水平。①

其次，完善内部质量管理体系。在学术方面的改革包括：改变各类课程的准入程序；改进评估与测试方法；从年度测试转变为学期测试；采纳等级及信用系统；完善教师评价等。质量是私立高等教育生存之本。协调规模与质量间的矛盾关系，有效推动私立高等教育发展模式实现转型，即规模发展战略转向以质量为核心的内涵发展，是优化私立高等教育功能的必然之举。

加强校企合作。加强与知名企业间的合作，逐渐成为许多印度私立院校的战略选择。校企合作是一种共赢的合作模式，高校为企业提供材料鉴定、设备检测及诸如电脑软件开发、组织调查等相关咨询服务，为技术人员、工程师等提供培训项目等；企业则通过资助来促进高校教学的发展，支持高校的研究项目，为其提供昂贵、精密的设备等。

公私合作模式助推私立高等教育发展。印度政府通过与私营部门共同出资建校或与著名的公司合作建立教育机构，鼓励传统大学与“相当于大学的机构”共同开发课程，以推进高等教育的公私合作。通过这种合作，一方面促进了印度政府对社会资源的运用，提高了基础设施水平和高等教育毛入学率；另一方面，它在一定程度上又促进了政府与市场的互相协作，实现了优势互补，保证了高等教育的质量与公平。这种公私合作的模式在某种程度上真正实现了共赢，促进了公共利益和私人利益的最大化，使得印度私立高校有了新的发展前景。②

3. 印度私立高等教育启示

印度作为一个发展中国家，其私立教育却取得了较好的成绩，这与印度国家政策是分不开的，与灵活的私立高等教育办学机制也是密切联系的。

---

①魏李飞，尹向毅. 印度私立高等教育的特征、矛盾与发展路径. 浙江树人大学学报，2016，(5).

②同上。

市场选择与政府扶持相互结合和共同促进。民办高等教育的发展应尊重高等教育市场，尊重我国民办高等教育投资者的合理需求，充分发挥市场的选择与导向作用，大胆引导营利性民办高校发展。可以大胆发展营利性民办高等教育，满足办学者经济诉求以调动其积极性，这是我国民办高校实现可持续发展的重要路向。但发展营利性民办高等教育政府必须加强监管，更要在一定范围内对其实施政策和资源扶持。

以特色、质量为导向加快转型发展。民办高校必须秉持严格的质量观，特色突围，质量立校，走差异化发展道路。必须采取“小而精”的发展模式，实现“弯道超车”。民办高校应抓住机遇，发挥贴近市场、专业建设对市场变化趋势反应灵敏的优势，建构以服务为导向的应用科技型院校，调整优化学科专业体系，培养应用型人才，进行应用型科技研发，增强服务能力。

构建以“省”为单位的财政资助体系。从印度的经验来看，邦政府的财政资助明显多于中央政府。中国经济发展的不平衡现象依然很突出，而且中国现行的财政体系也是以省为基本单位的。虽然公办高校的办学经费主要由中央统一协调，但对民办高等教育而言，省级经济在对教育的资助应该是最主要的手段和来源，因为从中国各民办高校的生源和就业来看，来自本省和服务本省的比例均在60%以上，也就是说高等教育在解决教育差异化和服务本省社会经济发展上都集中在本省。另一方面，从教育的本质和为社会培养人才快来看，民办高等教育与公办高等教育没有本质的区别。因此，建立省级财政资助体系有利于本省民办高等教育可持续发展，也可促进本省高等教育谢帖发展和本省社会经济的持续发展。

(四)国外私立高等教育可持续发展的经验及启示

美国、日本、印度等国家的私立高等教育均取得了不少的成绩。美国作为世界上最发达的国家，对私立高等教育的可持续发展提供了良好的环境，促进了私立高等教育的发展；另一方面，私立高等教育的繁荣又为美国社会经济的发展提供了人才支撑，进一步促进了美国经济的发展。作为资本主义国家的私立高等教育，美国起到了风向标的作用。而日本作为两次世界大战的参与者，特别是二战的失败给日本带来的影响是巨大的，战后日本非常重视教育，在私立高等教育方面也取得了较为成功的经验。印度作为发展中国家，在国情上与我国有诸多相似之处，印度私立高等教育创新力度较大，特别是各邦给予了私立高等教育更多的发展空间和财政资助，使得印度私立高等教育实现了可持续发展。此外，韩国、俄罗斯等国的私立高等教育也发展的较好。

1. 国外私立高等教育可持续发展的经验

第一，制定私立教育法律体系，为私立高等教育的发展提供法律保障。在现代社会,健全的法律是私立学校健康发展的基本前提。以日本为例,先后颁布《日本国宪法》《民法》《教育基本法》《学校基本法》等基本法,制定了《私立学校法》《私立学校施行法细则》《私立学校振兴助成法》《私立学校振兴助成施行令》。马来西亚于1996年制定《私立高等学校法》,鼓励发展私立高等教育。1979年,泰国政府颁布《私立高等教育法》,鼓励开办私立大学,国家通过完善办学制度、提供奖学金支持等措施,促进私立大学发展。俄罗斯自1991年以来,先后颁布多个《联邦教育法》,支持私立高等教育发展。

第二,政府对私立高等教育的支持是重要保证。政府支持是国外私立高等教育快速发展的重要条件。一是为私立学校提供财政支持。以美国为例,1972年美国通过的《高等教育法》规定,由联邦政府向全国包括私立学校在内的123所高校提供不附加任何条件的资助。日本从1970年开始对私立大学进行经费资助,这被看作是日本政府自明治维新以来在教育领域采取的划时代政策措施。二是为私立学校提供免税优惠。美国法律规定,对教育捐赠(主要为私校所得)一律实行税收减免。对送子女进入私立学校的家长实行学费税扣除。三是对公校私营提供财政支持。例如美国对特许学校、合同学校和学券制提供与公立学校同样的经费支持;英国对私营的"教育行动区"计划提供的财政支持甚至超过了普通的公立学校。

第三,政府加强对私立高校的有效管理是重要保障。以泰国为例,私立高校受到政府的严格管理和控制。政府在《私立高等学校法》中规定办私立大学的各种原则,并依法成立"私立高等教育委员会"来专职管理私立高校。事实证明,正是由于政府的有效管理,才消除了私立教育的趋利性和短期行为,使私立高校更好地承担起了社会责任,能快速健康发展,在各个国家的经济建设和社会发展中发挥着越来越重要的作用。

2. 国外私立高等教育可持续发展的启示

从国外经验来看,湖南民办高等教育要取得可持续发展,必须借鉴国外先进经验,在总结经验的基础上提出可持续发展之路。国外私立高等教育可持续发展的经验为湖南民办高等教育可持续发展提供了启示。

第一,必须走内涵式发展之路。湖南民办高等教育已经走过了30余年的道路,随着湖南经济社会的发展,民办高校都达到了一定的规模,湖南涉外经济学院在校学生数已经突破3万,长沙医学院、湖南应用技术学院、湖南交通工程学院、湖南信息技术学院在校学生数均突破了2万,其他独立学院校均学生数近5000。各民办高校的硬件建设等也已经达到了一定的规模,要实现湖南民办高等教育的可持续发展,一定要在教学质量、内部管理等方面提升档次,走内涵式发展之路。

第二,必须走特色兴校、质量兴校之路。当民办高等教育达到一定规模后,同质化发展是制约其发展的最大瓶颈。本身民办高等教育在整个高等教育市场中就不占有比较优势，受传统观念的影响、教育教学质量高的客观实际等众多现实因素的制约，民办高等教育必须以特色赢得社会、家长、考生的信赖，同时强化质量意识，走特色兴校、质量兴校的道路。长沙医学院主打医学专业，在临床医学、口腔医学、医学影像学、中医学等专业中取得了较好的成就，成为省级重点学科，突出医学特色，近几年学校发展迅猛。湖南涉外经济学院注重做好“涉外”文章，主动适应经济全球化走向，打造面向世界的经济学院，突出自身特色，也取得了快速发展。湖南应用技术学院注重实用，适应国家发展的大方向，为社会培养应用型人才，毕业生得到了社会的认可，也促进了学校的发展。从现有的湖南民办高校来看，发展得较好的都是有特色的高校。

第三，必须合理运用市场和政府两只手。民办高等教育在形式上是私立教育，但在教育的本质上都是为培养德智体美全面发展的社会主义合格建设者和可靠接班人，在新时代，都是在培养具有民族担当的时代新人，因此，民办高等教育必须接受政府的统一指导和管理。同时，在社会主义市场经济条件下，民办高等教育又要主动适应市场经济，走向与市场融合的道路。因此，湖南民办高等教育的可持续发展，必须两手都要抓，两手都要硬。

第四，必要的财政资助体制是民办高等教育可持续发展的必由之路。我国《民办教育促进法》规定“民办教育事业属于公益性事业，是社会主义教育事业的组成部分。”既然是公益性事业，则应该得到公益性财政资助。但实际情况却是民办高等教育并没有得到公益性事业应有的地位。湖南的民办教育专项拨款是经学校申请，省教育厅和省财政厅审批后每所学校每年 40 万的专项经费。而美国私立高等教育每年都会得到学校所在州的固定比例的财政资助。印度的各个邦对所在邦的私立高等教育也有财政资助。必要的财政资助，一是真正体现公益性；二是可以适当降低学费，减轻家庭负担；三是促进教学条件的改善，间接促进教学质量的提高，从而推动民办高等教育可持续发展。

二、国内民办高等教育可持续发展的经验及启示

（一）陕西民办高等教育发展现状、经验及启示

1. 陕西民办高等教育发展现状

陕西省是一个教育大省，省委、省政府历来高度重视民办教育事业的发展。陕西民办高等教育无论从数量、规模，还是办学层次来说，都具有先发优势和群体优势，西安也赢得了中国民办高等教育“硅谷”的美誉。陕西省民办高等教育综合实力，被誉为全省改革开放标志性成果之一，并保持全国领先地位。截至 2017 年陕西民办普通高等学校 18 所，研究生在校生 148 人、普通本专科在校生 200860 人，

其中本科生86000人、高职(专科)生114860人;独立学院12所,在校生74958人。①

陕西民办高等教育大致经历了以下四个阶段。

第一阶段为恢复初创期(1984—1991年)。1984年8月6日,以姜维之先生举办的西安培华女子大学成立,标志着陕西民办高等教育在新时期开始恢复民办教育机构。至1991年底,各类民办高等教育机构近70所。

第二阶段为快速成长期(1992—1996年)。到1992年陕西培训性质学校数达75所,1993年猛增到101所。1996年,陕西省进行高等教育学历文凭考试试点,为民办高等教育的发展开创了新的局面。

第三阶段为规范管理期(1997—2002年)。2000年5月省政府同意并报教育部备案成立西安欧亚职业学院、西安翻译职业学院、西安外事职业学院、西京职业学院四所实施学历教育的民办高等职业院校,有力地推动了陕西民办高等教育事业的发展。

第四阶段为健康发展期(2003年至今)。2003年,经教育部批准,西安培华女子大学升格为本科院校,更名为西安培华学院。西安培华学院的升本,提升了陕西民办高等教育的层次。此后,西安翻译学院、西安外事学院、西安欧亚学院、西京学院、西安思源学院和陕西国际商贸学院等,陆续升格为本科院校。2011年西京学院获得硕士研究生招生资格,进一步推动了陕西民办高等教育事业的发展。

2. 陕西民办高等教育发展经验

陕西民办高等教育的发展在学界被称为"陕西现象",因陕西的民办高等学校主要集中在西安,因此西安也赢得了中国民办高等教育"硅谷"的美誉。陕西民办高等教育的发展主要有以下经验值得借鉴。

第一,大力度的财政资助政策。为促进陕西民办高等教育事业健康发展,加强和规范专项资金的科学化、精细化管理,提高资金使用效益。2012年陕西省财政厅、陕西省教育厅印发《陕西省民办高等教育专项资金管理办法》(陕财办教[2012]12号)每年安排3亿元专项资金扶持和规范民办教育发展。专项资金主要用于高水平民办高校建设和改革创新、师资队伍建设、实验室和实习实训基地建设、科学研究、公共服务和信息平台建设等方面。以2017年底18所民办高校为准,校均达1600万元。对于民办高校的发展来说,这是一笔不菲的费用,对每所学校来说,从2012年到2018年可以累计获得专项资金1亿2千万,而且这是持续性的。专项资金的拨付,大大促进例如陕西民办高等教育的发展,使得陕西民办高等

①数据来源:2017年陕西省教育事业发展统计公报,http://jyt.shaanxi.gov.cn/news/tjsj/201807/04/14206.html

教育顺利度过了民办高等教育发展过程中的"高原现象",实现了可持续发展。

第二,产教融合促发展。产教融合是教育部门(主要是院校)与产业部门(行业、企业)在社会范围内,充分依托各自的优势资源和优势,以互信和合约为基础,以服务经济转型和满足需求为出发点,以协同育人为核心,以合作共赢为动力,以校企合作为主线,以项目合作、技术转移以及共同开发为载体,以文化共融为支撑的产业、教育内部及之间各要素的优化组合和高度融合,各参与主体相互配合的一种经济教育活动方式。[①] 陕西民办高等教育从服务当地社会经济发展的大局出发,积极实现教育与产业对接,走出了一条产教融合的发展道路。如西京学院与陕西省广告协会合作,成立"广告人才培养基地";经济贸易系与阿里巴巴签订人才培养协议;机电系与西安泰戈分析仪器签订校企合作协议,开办机电一体化专业"泰戈班",实现了人才培养的新途径、新模式,培养符合机电一体化需求的应用型人才,有力地推进了校企合作和人才培养模式的改革与创新。又如西安培华学院,从市场需求出发,构建符合市场需要的产、学、研一体化的产教融合平台,并保证平台的有效运转。西京培华学院先后建立产教融合研发平台、产教融合共建平台、产教融合项目平台、人才培养交流平台,大大提高了人才的培养质量,同时推动了学校自身的发展,融入当地社会经济的发展,也实现了学校的可持续发展。

第三,个性发展特色兴校实现可持续发展。以西安翻译学院为例,不断创新"外语+专业+现代技能"和"专业+外语+现代技能"的应用、复合型人才培养模式。率先打破民办教育家族化传统,构建了"四位一体"的现代大学运行机制:举办者拥有法人财产监督管理权,董事会拥有决策权,校务会独立行使办学管理权,校党委发挥政治核心和监督保障作用,实现了民办高等教育科学规范管理的重大突破,对调动学校各方积极性,坚定不移地走内涵发展、特色发展、品牌发展、融合发展道路具有深远意义。学校有1000余人赴国(境)外攻读硕士学位,学校同美国地方政府建立了学生带薪赴美实习的合作关系,先后有1200余名学生赴美国实习。学校积极贯彻落实中央有关加强与"一带一路"国家开展教育交流与合作的战略部署,充分利用外语、商务、旅游等专业教学优势和特色,先后与匈牙利、俄罗斯、乌克兰、泰国等沿线国家的教育行政部门、高等院校及其他教育机构开展了形式多样的文化教育交流活动。同时成立了新丝绸之路研究中心、匈牙利研究中心等科研机构,大力开展国别和区域研究,为政府相关部门和企业的决策提供参考。2018年被陕西省教育厅评定为陕西省一流学院建设单位。

---

①楚文静.产教融合视域下陕西民办高校转型发展路径探析——以西安培华学院为例.陕西教育,2017,(8).

3. 陕西民办高等教育启示

陕西民办高等教育富有特色，但其发展过程也充满挫折，其间也面临“高原现象”，但陕西民办高等教育在政府、民办高等教育举办者和家长学生的共同努力下取得了一个又一个成就，实现了可持续发展，也为湖南民办高等教育可持续发展带来了启示。

运筹帷幄，应对“高原现象”。陕西民办高等教育走在全国的前列，因而“高原现象”也早于湖南出现。“高原现象”是心理学术语，指的是个体在学习或技能的形成过程中出现的发展停顿、迟滞或者下降的现象。在民办高等教育领域其症状表现为：发展态势正在衰减，生存空间日趋局促，前途命运未卜难测。陕西民办高等教育的“高原现象”出现在 2008 年前后。2016 年前后，湖南民办高等教育“高原现象”显现，湖南民办高等教育必须利用后发优势，紧紧抓住 2017 年新修订的《中华人民共和国民办教育促进法》理顺民办高校与公办高校的法律地位，健全市场机制，千方百计争取财政资助，完善内部治理结构，提高科学管理水平，以最快的速度消除“高原现象”。

实现国际化将是湖南民办高等教育持续发展的一条必由之路。对湖南民办高校来说，西安翻译学院给湖南涉外经济学院提供了最好的借鉴。西安翻译学院能够组织 1000 余人赴国（境）外攻读硕士学位，1200 余名学生赴美国实习，不仅满足了全球化背景下一部分学生出国求学的愿望，客观上也扩大了学校的影响，同时增强了国际间的交流。长沙医学院在国际化道路上走在了湖南民办高等教育的前列，截至 2018 年上半年，已有在校留学生 700 余人，毕业留学生 200 余人，留学生来自世界 20 多个国家和地区。通过留学生教育，增进了中外交流，特别是加强了一带一路沿线国家对中国的了解，同时也实现了教育的多样化。

争取政府财政拨款促进可持续发展。参考陕西省每年安排 3 亿元专项资金扶持和规范民办教育发展的决定，并从实际考察这一政策的绩效和社会效益来看，陕西的资助政策是可行的，促进了陕西民办高等教育的发展，也促进了陕西社会经济的繁荣。湖南每年的高考分数线在全国来说都是靠前的，短时间内创建公办高校并非易事，而破解固定思维，像陕西一样增加专项资金扶持民办高等教育的发展，在短时间内就会收到效益，从长远来看也是利省利民的。

（二）北京民办高等教育发展现状、经验及启示

1. 北京民办高等教育发展现状

中国共产党的十一届三中全会的召开为民办教育的兴办带来了转机，在公办学校不能满足群众的择校愿望时，北京市最早的民办大学——中华社会大学应运而生。北京民办高等教育得风气之先，经过近 40 年的发展，北京民办教育经历了

从初始到繁荣到法制化的进程,北京民办高校成为首都高等教育事业的重要组成部分。北京民办高等教育大致经历以下几个阶段。

初始阶段(1978—1992 年)。党的十一届三中全会后,社会舆论对民办高等教育的兴办起了推波助澜的作用,北京市的一些退休教师发挥余热,开办了一些文化补习班、职业培训班等非学历机构。截至 1986 年,北京市民办教育机构已经达到 258 所,在校生达 58 万人。[①] 1988 年 1 月 8 日,《光明日报》第 1 版以显著位置刊登了题为《不用国家经费　依靠社会力量培养人才——民办高等教育显示生命力》的报道,引起社会各界的关注,也促进了北京民办高等教育的发展。

高峰阶段(1992—1997 年)。1992 年邓小平南方谈话发表,进一步为民办教育的发展打开了局面。1993 年,《中国教育改革和发展纲要》发布,明确提出:“积极鼓励支持,加强管理民办教育”的方针,极大地推动了各行各业的发展,也刺激了民间办学的积极性,民办高校也得到了社会的承认和欢迎,被誉为“没有围墙的大学”。

法制阶段(1997—2018 年)。1997 年 8 月国务院颁发了《社会力量办学条例》,民办教育进入一个新的发展时期,即开始全面依法执教、依法管理、依法办学的新时期。2002 年出台《中华人民共和国民办教育促进法》,确立了民办教育在我国社会主义教育事业中的地位和作用,体现了积极鼓励、大力支持、正确引导、依法管理的方针,规范了民办学校的办学行为,规范了政府的管理行为,保护了民办学校出资人、学校和师生的合法权益。2017 年 9 月 1 日起,新的《中华人民共和国民办教育促进法》颁布实施,确立了“积极鼓励、大力支持、正确引导、依法管理的方针。”民办高等教育跨入法制化发展道路。

2. 北京民办高等教育发展经验

北京民办高等教育具有特殊性,基本享受不到国家对民办教育政策扶持而释放出的红利,反而受到北京城市功能调整和产业结构升级的重大影响,但北京民办高等教育还是在夹缝中走出了一条生存之道,积累了一定的经验。

充分利用北京政治中心优势注重国际视野。北京民办高校身处首都政治中心,随着全球化的发展,北京成为国际大都市,在教育理念上逐渐与国际接轨,视野不断国际化。北京许多民办高校在办学定位中就明确提出要具备国际视野。如北京吉利学院在其办学定位中就提出要“培养具有国际视野并适应中国经济社会发展需要的应用型、创新型高级人才”。北京工商大学嘉华学院也明确提出要“培养具有国际视野、专业素养和职业道德的商科人才”。再如被誉为“中国高等教育改革的一面旗帜”的北京城市学院,它是新中国第一所实行公有民办体制的新型高

①教育部发展规划司. 2002 年中国民办教育绿皮书. 上海教育出版社,2003:113.

校。学校注重开阔师生国际视野,先后同 50 多所境外高校建立校际合作关系,通过各类合作交流项目选派各专业师生赴境外交流学习。2013 年与英国华威大学联合举办中外合作办学项目,2015 年在欧洲圣马力诺建成孔子学院。这一系列举措提高了学校的声誉,也扩大了影响力,更促进了学校可持续发展。

注重适应社会经济发展培养应用型人才。北京高校云集,而且高水平大学扎堆,在北京举办民办高等教育,必须立足于培养应用型人才。北京民办高校在办学定位中明确表明"应用型""实用性"的高校就有北京城市学院、北京艺术传媒职业学院、北京吉利学院、首都师范大学科德学院、北京第二外国语学院中瑞酒店管理学院、北京邮电大学世纪学院、北京工业大学耿丹学院。以北京吉利学院为例,学校依托吉利集团,全力培养应用型、实用性人才,特别是汽车行业人才。又如北大方正软件技术学院以专业建设为重点,通过"企业办学校、学校办企业"的模式培养应用型人才。

产教融合出特色。由于北京民办高校的定位大都为应用型、实用型,因此产教融合成为一大特色。课程体系模式是人才培养的重要影响因素,北京民办高校在课程体系中多采用"专业课+教学实践课"的课程组织模式,如北京城市学院、北京邮电大学世纪学院等,也有部分学校是"专业必修课+专业选修课+学科基础课+公共模块课+教学实践课",这些模式的重要特点就是让学生尽可能地适用将来从事的职业。北大方正软件学院在其培养模式中明确提出"校企融合、工学一体"。北京吉利学院也提出:依托吉利控股集团办校优势,深化产教融合。北京邮电大学世纪学院是教育部直属高校在京举办的第一所独立学院。学院先后与中兴通讯、亿阳信通、宝信软件等 133 家企业签订了实习实训基地协议书,派出学生进入企业实习实训,在企业导师的指导下完成毕业设计;派出教师参加企业的暑期实践,保障了人才培养与专业行业的发展紧密结合。

3. 北京民办高等教育启示

在京津冀协同发展、非首都功能疏解和经济结构调整的宏观背景下,民办高校的转型发展显得更为复杂。北京市对中等职业教育的限制为民办高等职业教育的发展提供了契机;不扩大招生规模与不升格高校的政策基调,使北京民办高校向内涵式发展道路转变,在艰难的环境中还是取得了较好的成就,为湖南民办高等教育可持续发展带来了启示。

必须与本地的发展大趋势相融合。民办高校一般来说主要还是服务当地社会经济发展,就拿北京高校来说,虽然很多都具有国际化视野,也取得了不错的成绩,但就北京地区民办高等教育总体而言,还是以服务京津冀地区为主。从全国高校生源地和毕业服务地的调查统计来看,省属院校本省生源大都超过 60%,而服务本省的比例也在 60% 以上。民办高校大多是培养应用型、实用型人才,因此适应本地发展大势,服务本地社会经济发展应该是民办高等教育理智的选择。

必须走内涵式发展之路。从全国情况来看,各省民办高等教育资源均向省会城市集中,湖南也不例外。而随着省会城市的吸附效应的加强,特别是近年来各省会城市热衷于申建国家中心城市,“城市病”会突显。湖南民办高等教育也同样向省会长沙集聚,长沙市一直都在积极申建国家中心城市。那么,湖南民办高等教育遭遇像北京一样不审批新学校、不扩大招生规模的情境并非不可能。而当民办高等教育发展到一定规模时,合理有效地调整规模也是符合教育的发展规律的。因此,要实现湖南民办高等教育的可持续发展,必须要借鉴北京的经验,未雨绸缪,走内涵式发展的道路。

产教融合是大趋势。从北京民办高等教育来看,产教融合较好的高校发展较好,而且潜力较大。北大方正软件学院、北京吉利学院、北京城市学院在产教融合、校企合作方面都取得了成功的经验。产教融合是双赢之举,企业为学校提供了专业培养的条件,提供实习实训场地,也接纳了学生,为学生毕业找工作解决了后顾之忧;学校为企业提供了人才,而且这些学生先期进入企业,较早地适应了工作岗位,在上岗培训上为企业节省了时间。从这几年的情况来看,各种校企结合的定向订单班,校企共同培养,取得了较好的社会经济效应。因此,产教融合是大势所趋,也是实现民办高等教育可持续发展的不错选择。

国际化将是一条不错的选择。北京民办高等教育同其他地方比较,国际化是一个较为鲜明的特征,虽然它与北京的政治中心有关系,但与举办者的教育理念也是离不开的。在教育市场走向多元化的背景下,特别是出国留学成为更多家长选择的时候,国际合作在将来的民办高等教育发展中应该有它的空间。国际化不单纯是“送出去”的模式,还可以是“请进来”的模式。从长沙医学院开办留学生教育来看,这条道路不仅是行得通的,而且是可以持续发展的。因为“一带一路”为整个民办高等教育的国际化提供了最好的机会。

(三)广东民办高等教育发展现状、经验及启示

1. 广东民办高等教育发展现状

广东开风气之先,民办高校肇始于1960年创建的广州城建职业学院。改革开放后最早创建的民办高校为1984年成立的广州南洋理工职业学院。1996—2007年是广东省民办高校比较集中的建校期,这一时期广东省民办高校获得快速发展,而这段时间恰好是民办教育的规范期。截至2018年初,广东省有民办高校50所(不包括中外合作办学高校;北京师范大学珠海分校于2017年已升级为校区,但教育部发布的2017年度相关名单中仍有该校),其中本科院校23所,专科院校27所。广东省民办院校数量最多的是广州市,共有29所,占58%,其次为东莞市,共

有 5 所,再次为珠海市,共有 4 所。而民办专科院校数量前三的地级(及以上)市分别为广州市、东莞市、肇庆市。到 2018 年广东民办高校本科在校学生数已达 384000 余人。① 其中在校生数量最多的是吉林大学珠海学院(28406 人),其次为北京理工大学珠海学院(26484 人)。广东共有民办高职高专 27 所,2018 年在校学生数 221306 人。

广东现代意义上的民办高等教育大致经历了以下三个阶段。

第一阶段为复苏期(1984—1991 年)。1982 年修订的《中华人民共和国宪法》、1985 年颁发的《中共中央关于教育体制改革的决定》鼓舞了社会力量,1984 年,在广州南洋自学辅导大学的基础上成立了广州南洋理工学院。此后电子科技大学中山学院(1986 年)、广东白云学院(1989 年)、广东文理职业学院(1989 年)、广州华夏职业学院(1989 年)、私立华联学院(1990 年)相继成立。这一时期的民办高等教育均以职业教育为主。

第二阶段为探索期(1992—1996 年)。1993 年,国家在部分省市开始高等教育学历文凭考试试点工作;同年《民办高等学校设置暂行规定》出台,这标志着我国民办高等教育管理由“无序”进入“规范”的初始阶段。广东民办高等教育也得到了快速发展。广东培正学院、广州工商学院、广东理工学院等民办高校相继成立。

第三阶段为规范期(1997—2018 年)。1997 年《社会力量办学条例》的颁发,标志着我国民办教育进入依法管理和依法办学的新阶段,1999 年,国家推进高等教育大众化发展战略,高校实施扩招政策,也为民办高校的发展带来了机遇。2002 年颁布《中华人民共和国民办教育促进法》,2004 年颁布《中华人民共和国民办教育促进法实施条例》,进一步促进了民办高等教育的发展,1997 年至 2004 年,广东民办高校新增 19 所。此后,许多民办高校抓住机遇,升格为本科层次。2007 年到 2008 年,《民办高等学校办学管理若干规定》《独立学院设置与管理办法》相继颁发,民办高等教育逐渐规范,2005 年至 2016 年广东新增民办高校 20 所。2017 年新版《中华人民共和国民办教育促进法》第 19 条规定:“民办学校的举办者可以自主选择设立非营利性或者营利性民办学校”。民办高等教育逐步走向法制化发展之路。

2. 广东民办高等教育发展经验

广东民办高等教育在全国来说都是比较成功的,不仅在数量上表现突出(总数 50 所,本科 23 所,专科 27 所),而且在教育质量上也是屈指可数的,特别是中山大学南方学院等一批学校得到了社会的高度认可。广东民办高等教育在发展的过程

①数据来源:民办高等教育发展报告(广东 2018),http://www.gzgddi.com/index.php?m=content&c=index&a=show&catid=17&id=154

中积累了不少的经验。

第一,依托名校促发展。名校的示范引领作用是不可忽视的,借助名校的影响力和品牌效应,合理利用名校的师资力量提升办学质量,提高整体竞争力,从而推动学校良性发展,这是广东民办高等教育的一个典型特征。在广东的民办高校中,依托名校的民办高校社会影响度高、家长学生认同度高。如电子科技大学中山学院、北京师范大学珠海分校、北京理工大学珠海学院、吉林大学珠海学院等。北京理工大学珠海学院在继承北京理工大学的品牌学科专业优势的基础上,根据广东省尤其是珠三角地区产业结构特点,设置优势和特色专业,体现专业的应用性、创新性和复合性。2018 年 4 月,学校获评"国际影响力独立学院";2018 年 5 月,学校获评"改革开放 40 年最具影响力教育品牌"。

第二,国际交流与合作。广东民办高等教育充分发挥沿海城市的优势,以开放的眼光着眼未来,在国际交流与合作方面走在前列,在"走出去"和"引进来"的双向互动中培养了人才,提升了教育质量,提升了学校的社会声誉,也实现了学校的可持续发展。如吉林大学珠海学院与美国、英国、加拿大、澳大利亚、新西兰、德国、瑞典、瑞士、挪威、西班牙、葡萄牙、俄罗斯、新加坡、韩国、日本、马来西亚、泰国、中国香港、中国台湾、中国澳门等 20 个国家和地区的 100 多所高校建立交流关系并开展实质性合作,其中包括美国迈阿密大学、犹他大学、澳大利亚西澳大学、麦考瑞大学、新西兰奥克兰大学、奥塔哥大学、韩国高丽大学、韩国庆熙大学、韩国外国语大学、韩国东国大学、日本东北大学、俄罗斯托木斯克理工大学、新加坡国立大学、中国台湾"中央"大学等 14 所全球 500 强高校。[①] 北京理工大学珠海学院也建立了布莱恩特学院、中美国际学院。

第三,公共财政扶持促发展。广东省在 2009—2011 年间下达用于民办高校的专项资金有 2630 万元,自 2012 年起,广东民办教育发展专项资金从 3000 万元增加到 5000 万元,其中 1000 万元专门用于资助民办高等教育。根据广东省财政厅下达的《高等教育"创新强校工程"专项资金安排方案》,2014 年省内 16 所民办本科高校(含独立学院)获得专项资金 1500 万元;2015 年 24 所民办本科院校(含独立学院)获得近 2000 万元。[②] 公共财政扶持缓解了民办高校资金紧张的局面,不仅改善了各民办高校的办学条件,而且彰显了民办高校与公办高校同等的法律地位。国家公共财政及各地专项资金扶持政策既缓解了民办高校的实际困难,又增

①吉林大学珠海学院学校简介, http://www.jluzh.com/2017/0903/c56a106698/page.htm

②毕会东.广东省公共财政支持民办高等教育的对策研究.浙江树人大学学报,2016,(4).

强了民办高校的办学信心,促进了民办高校的健康及可持续发展。①

3. 广东民办高等教育启示

广东民办高等教育实现了良性发展,在服务地方社会经济发展中做出了重要贡献,在满足教育市场多样化需求的同时走向可持续发展之路。广东民办高等教育事业的成功经验为湖南民办高等教育的可持续发展提供了启示。

实现民办高等教育可持续发展必须要有必要的公共财政资助。国家公共财政的介入,有利于保障民办高校的合法权益和平等地位,有利于实现高等教育入学机会的均等,有利于促进高等教育领域内的公平竞争和良性发展。民办高等教育的国家公共财政资助应以省为主,因为民办高等教育主要的服务地区还是以本省为重点的。从 2012 年起,广东每年用于民办高等教育的专项资金为 1000 万元,在一定程度上提供了民办教育良好的政策环境。湖南可以学习这一先进经验,加大民办高等教育专项资金拨款力度。

走国际合作的道路将会是民办高等教育发展的新的选择。随着中国经济的发展、人民对教育需求的提高,民办高等教育也会逐渐走向国际合作的道路。一是吸纳国外生源;二是为国内学生提供更多的选择。可以发挥民办高校更加灵活的机制,学习公办高校国际教育的先进经验,建立国际交流学院。特别是加强一带一路沿线国家的交流合作,联合培养人才。

(四)国内民办高等教育可持续发展的经验及启示

中国民办高等教育已经走过了 40 年的发展之路,40 年的风雨历程,民办高等教育经历了从起步到快速发展,再到法制化、规范化的不同阶段。经过民办高等教育举办者的艰辛努力,国家、地方政府的支持,逐渐得到了社会、家长、学生的认可。民办高等教育事业已经成为我国高等教育事业不可分割的一部分,成为推动社会经济发展的重要支撑,为地方经济做出了重大贡献。

1. 国内民办高等教育可持续发展的经验

第一,健全的法律体系是民办高等教育可持续发展的重要保障。民办高等教育创设之初,由于法律的不健全,我国民办高等教育名目繁多,管理混乱。1993 年《民办高等学校设置暂行规定》,明确规定“民办高等学校应遵守国家的法律、法规,接受政府的管理、监督、检查、评估和审计”,但同时规定“民办高等学校不得以营利为办学宗旨”。《民办高等学校设置暂行规定》的出台,规范了民办高等教育的办学行为。1995 年《中华人民共和国教育法》颁布,1997 年《社会力量办学条

①杜世雄,惠向红. 民办高校公共财政扶持政策的实施现状与改进对策——基于广东、陕西和上海三省(市)的考察. 浙江树人大学学报,2018,(1).

例》(国务院令第226号)实施,“将社会力量办学事业纳入国民经济和社会发展规划。”1999年《中华人民共和国高等教育法》实施。此前的法律对民办高等教育举办者的“合理回报”问题在实践中存在现实困境。2002年《中华人民共和国民办教育促进法》正式实施,国家以法律形式对民办高等教育给予了新的规定,2003年《中华人民共和国民办教促进法实施条例》随即出台,促进了民办教育事业的健康发展,维护了民办学校和受教育者的合法权益,民办高等教育得到了蓬勃发展。2007年《民办高等学校办学管理若干规定》出台,进一步规范了民办高等教育。2017年9月1日新版《中华人民共和国民办教育促进法》正式实施,确定了“分类管理”的原则,区分为“营利性”和“非营利性”性质,为民办高等教育可持续发展做出了法律上的明确规定。

第二,地方政府对民办高等教育的财政支持政策是实现可持续发展的重要保证。民办高等教育主要服务地方社会经济发展,本来就是社会主义教育事业的一部分,教育本身就具有公益性的属性。因此,地方政府不应该歧视民办高等教育,在财政支持方面应该将民办高等教育纳入规划之中。从全国的经验来看,凡是地方政府对民办高校重视的地方,民办高等教育就发展得很好,反过来又带动了当地的社会经济发展,实现了良性互动。如陕西省针对民办高校办学资金的瓶颈时期,从2012年每年拨出民办高等教育专项资金3亿元,从而使陕西民办高等教育发展再一次得到飞跃。又如广东省每年对民办教育1000万的专项财政资助,推动了广大民办高等教育的可持续发展。此外,江苏、浙江、山东都对民办高等教育有专项资金资助。不难看出,地方政府对民办高等教育资助力度较大的地方,民办高等教育发展水平整体偏高,这就说明,地方政府对民办高等教育的财政支持政策对民办高等教育的可持续发展起着重要的保障作用。

第三,强化民办高校自身管理是实现民办高校持续发展的根本保证。从全国来看,无论是地处内陆的陕西,还是沿海的广东,也不管是具有浓厚文化气息的山东,还是赣文化的江西,除了得益于地方政府的大力支持外,这些省份民办高等教育的发展都离不开高校自身的规范化管理。就一个省而言,纵然地方政府的支持都是一样,但自身管理完善对民办学校的影响巨大。如北京城市学院、陕西西京学院,都非常重视学校内部管理,并且具有战略眼光,率先开办研究生教育,都大大提升了学校的层次,也为学校可持续发展建立了新的动力源。再如广东白云学院、中山大学南方学院等都注重内部管理和协同创新,学校赢得了社会声誉,也得到了家长、学生的认可。

2. 国内民办高等教育可持续发展的启示

从国内经验来看,湖南民办高等教育要实现可持续发展,必须高瞻远瞩、未雨绸缪,借鉴国内先进经验,在总结经验的基础上提出可持续发展之路。

内涵发展、特色兴校、质量立校。质量是学校发展的生命线，在民办高等教育发展的道路上，必须始终抓住质量这个根本不放松。一是教学质量，教学质量是一个学校的生存之道，是学校的口碑，只有教学质量得到了保障，学生的素质才能得到保障，毕业生才有竞争力，毕业生得到社会认可，学校才会得到社会的认可；二是学校管理质量，管理出效益，只有加强管理，才能提升学校品牌。民办高等教育要在竞争激烈的教育市场中夺得一席之地，必须走特色兴校之路，切忌走大而全、同质化的道路。从全国民办高校来看，北京吉利学院、山东蓝翔技师学院、江西蓝天学院等在全国有名的学校都是走的特色兴校之路。在民办高等教育已经实现规模发展的新时代，以追求体量的民办高校必定不能持久发展，必须走内涵式发展道路，通过强质量、创特色来实现可持续发展。

错位竞争、人无我有、人有我优。错位竞争策略是企业避开竞争对手的市场优势，以己之长击彼之短而确立相对优势竞争地位的一种竞争策略。错位竞争策略用得恰当，不仅可以“顺推”得势，而且可以“逆转”取势，为企业赢得良好的经济效益和社会效益。湖南民办高等教育必须充分发挥自身办学体制机制可以灵活自主的优势，主动创新发展方式，开展错位竞争，推进特色发展、高端发展，想方设法满足学生及家长越来越高且多样化的教育需求，将补充选择作用升级为主导引领作用，才有不可或缺的存在价值与更大的市场空间。首先要力争人无我有，例如西安翻译学院就是典型的例子，随着改革开放的深入，翻译人才市场需求量越来越大，而在民办高等教育领域，由于师资的原因，创建翻译学院绝非易事。但杰出教育家、民办教育拓荒者丁祖诒先生却高瞻远瞩，创建西安翻译学院，2000 年创立，短短 5 年之内就升格为本科院校，并在 2018 年被陕西省教育厅评定为陕西省一流学院建设单位。再如中山大学南方学院，其成立时间并不算早(2006 年)，学院坚持“高起点、有特色、更开放”的办学理念，努力打造人有我优的格局，从 2013 年开始实施自由转专业，2015 年起开始实施完全学分制，学院先后开设了“政商研究院”“ACCA、CGA 实验班”“经济类专业应用型人才创新实验班”和“珠江卓越工程师人才培养特色班”等精英化培养项目。并与美国海格斯大学、美国迈阿密大学、美国中西州立大学、美国阿兰特国际大学、英国牛津大学、英国赫尔大学、英国爱丁堡龙比亚大学、瑞士酒店管理学院、日本京都情报大学院大学等 20 余所国外知名大学开展国际教育交流与合作，走出了一条可持续发展之路。

校企合作、产教融合、应用实用。从现有情况来看，虽然我国有北京城市学院、西京学院、吉林华侨外国语学院、河北传媒学院、黑龙江东方学院获得培养研究生的资质，但绝大多数民办高校都是培养应用型人才，主要是为地方提供实用性人力资源。因此，走校企合作、产教融合的道路是民办高等教育的一条必然之道。从全国的经验来看，校企合作、产教融合较好的学校发展势头也更好，可持续发展能力更强。例如北京吉利学院、北京北大方正软件职业技术学院、辽宁石油化工大学顺华能源学院、大连汽车职业技术学院、浙江树人学院等都依托校企合作、产教融合，开创了学校发展的新局面，更依托企业和产业基地实现了学校与企业的优势互补，实现了学校的可持续发展。

第五章　新时代湖南民办高等教育可持续发展的对策

发展理念是发展行动的先导。在党的十八届五中全会上,习近平系统论述了创新、协调、绿色、开放、共享“五大发展理念”。“五大发展理念”成为指导我们各项事业发展的灵魂。牢固树立并切实贯彻这“五大发展理念”,是我们取得事业发展的关键所在。新时代湖南民办高等教育的可持续发展,必须坚持贯彻“五大发展理念”。

一、创新发展

(一)创新与创新发展理念

创新是指以现有的思维模式提出有别于常规或常人思路的见解为导向,利用现有的知识和物质,在特定的环境中,本着理想化需要或为满足社会需求,而改进或创造新的事物、方法、元素、路径、环境,并能获得一定有益效果的行为。社会学家认为创新是指人们为了发展的需要,运用已知的信息,不断突破常规,发现或产生某种新颖、独特的有社会价值或个人价值的新事物、新思想的活动。创新的本质是突破,即突破旧的思维定式,旧的常规戒律。创新活动的核心是“新”,它或者是产品的结构、性能和外部特征的变革,或者是造型设计、内容的表现形式和手段的创造,或者是内容的丰富和完善。

《大学》有云:苟日新,日日新,又日新。创新是人类特有的有意识、富于智慧的实践活动。马克思指出:“通过实践创造对象世界,即改造无机界,证明了人是有意识的类存在物”。江泽民指出:“创新是一个民族进步的灵魂,是一个国家兴旺发达的不竭动力,也是一个政党永葆生机的源泉。”[①]习近平提出:“创新是一个民族进步的灵魂,是一个国家兴旺发达的不竭动力,也是中华民族最深沉的民族禀

①江泽民. 江泽民文选(第二卷). 人民出版社,2006:36.

赋。在激烈的国际竞争中,惟创新者进,惟创新者强,惟创新者胜。"①强调我们必须把创新作为引领发展的第一动力,把人才作为支撑发展的第一资源,把创新摆在国家发展全局的核心位置,不断推进理论创新、制度创新、科技创新、文化创新等各方面创新,让创新贯穿党和国家一切工作,让创新在全社会蔚然成风。②

"理者,物之固然,事之所以然也。"发展理念是发展行动的先导,是管全局、管根本、管方向、管长远的东西,是发展思路、发展方向、发展着力点的集中体现。新时代民办高等教育的发展要树立技术理念、特色理念和超前理念。

技术理念。马克思曾指出,科学技术不仅是"一种在历史上起推动作用的、革命的力量",而且是"最高意义上的革命力量"③教育技术与高等教育关系正与技术和社会发展的关系一样,教育技术是高等教育创新发展的强大推力。教育技术既具革命性又具内生性,是推动高等教育发展的革命性内生力量。世界各国纷纷都提出科教兴国的战略举措,对教育技术的发展给予了前所未有的重视,把发展教育技术作为推动教育的发展乃至国家民族发展的重要动力。

教育的每一次突破性变革与发展都与科学技术的发展相关。教育是培养人的社会活动,这是教育的质的规定性即教育的本质,民办教育和公办教育在这个教育的本质上是一致的,促进人的全面发展是教育的本质所在,也是衡量高等教育发展的核心指标。新时代,科学技术突飞猛进,技术在教育发展中的作用愈加凸显。2015 年 7 月,国务院下发《关于推进"互联网+"行动的指导意见》,将"互联网+教育"列为重要行动内容之一:加快发展基于互联网的教育服务,鼓励学校探索网络化教育新模式,扩大优势教育资源覆盖面,促进教育公平,加快推动高等教育服务模式变革。以互联网、物联网、云计算、大数据等为核心的信息产业的发展,给互联网与高等教育的创新发展带来了机遇。这是一场高等教育的创新革命,是高等教育信息化的发展方向。

民办高等教育必须树立技术理念,贯彻科教兴国战略。在教育资源的配置方式、教学的组织方式、教育管理方式、学习方式、教学模式,都要基于互联网教育资源在线化和数据化以实现创新发展。在教育管理上,引进各种系统,实现信息化管理以提升管理效率;在学习方式上构建多种网络学习平台,发挥学生自助学习的潜能以提高学习效率;在教学模式上,积极推进微课、慕课,调动师生双方的积极性,增强学生的获得感。"云""网""端"的互动是"互联网+高等教育"创新发展的核

①习近平. 在欧美同学会成立 100 周年庆祝大会上的讲话, http://news.china.com.cn/2013-10/21/content_30359757.htm

②习近平. 在党的十八届五中全会第二次全体会议上的讲话, http://cpc.people.com.cn/n1/2016/0101/c64094-28002398.html

③马克思恩格斯全集(第 19 卷). 人民出版社,1971: 375.

心动力。可以说,谁在教育技术上落后,谁就将落后于潮流,必将在这场信息变革中淘汰出局。因此,民办高等教育举办者必须要有战略眼光,转变发展方式,在教育技术领域注入资本,才能不落后于这场变革。拘泥于传统,禁锢于传统,墨守成规,甚至说抱残守缺,必将被时代所抛弃。

随着我国社会主要矛盾发生改变,在高等教育领域已经转化为人民对美好教育的向往与高等教育发展的不平衡不充分的矛盾。随着高等教育大众化的普及,上大学已经不再是人民的奢望,人民需要的是更优质的高等教育。信息技术的成熟与普及、数据资源的松绑及其流动性的增强为民办高等教育创新发展提供了动力。同时教育协同分工体系的形成为"互联网+高等教育"创新发展提供了直接动力。民办高等教育必须以"互联网+"为技术支撑,构建顺应协同分工体系的新的教育形态,优化教育资源配置,消除教育资源不均衡,打破马太效应,促进民办高校协同创新发展,从而实现可持续发展。

教育公平是指全体社会成员可以自由、平等地选择和分配各层次公共教育资源。教育公平作为社会公平的重要环节,不仅是社会公平在教育领域的体现,更是促进社会公平的关键。党的十八届三中全会《中共中央关于全面深化改革若干重大问题的决定》指出:构建利用信息化手段扩大优质教育资源覆盖面的有效机制,逐步缩小区域、城乡、校际差距,实现高等教育公平。要实现高等教育与公平,就必须依托教育技术。贯彻技术理念,促使"互联网+高等教育"通过构建教育资源网络"云"平台,允许用户通过互联网远程访问、调配和使用"云"上的各种教育资源,实现高等教育资源校校通、人人通,保证教育起点公平、教育过程公平和教育结果公平,最终实现民办高等教育的可持续发展。

第一,特色理念。特色是最鲜明的底色,也是成功的重要因素。特色是一个事物或一种事物显著区别于其他事物的风格和形式,是由事物赖以产生和发展的特定的具体的环境因素所决定的,是其所属事物独有的。我国在改革开放后,正是走出了一条具有中国特色的社会主义道路,才取得了辉煌的发展成就,迎来了富起来、强起来的伟大历史飞跃。纵观世界高等教育,无论是国内国外,不管是公办民办,办得好的高等教育或者高等学校一定是特色鲜明的。或者说,凡是有办学特色的高等教育或者高等学校必定取得持续发展。

从国外来看,私立高等教育均各具特色,可以说是特色立校、特色兴校。以美国为例,最好的大学多数是私立的。其培养目标明确、教育与市场经济紧密结合。美国主要教育管理权下放给州,州政府对管辖内的学校,无论是公立还是私立均有资助的义务。企业家办学或者社会知名人士办学是一大特色。美国私立大学多是企业家或社会知名人士创办的,如世界著名的斯坦福大学是加利福尼亚州当时四大企业家之一的矿业与铁路大王斯坦福为纪念他唯一的儿子而创办的。美国鼓励大企业家兴办教育,美国税法规定捐给教育或其他公益事业的钱可以抵税,这一富有特色的政策促进了私立高等教育的发展。以日本为例,在日本人的心目中私立大学教育质量和国立、公立大学是一样的！很多名牌私立大学甚至超过普通的国立大学和公立大学。之所以赢得这样的社会声誉,与日本私立高等教育的特色息息相关。首先是特色鲜明的建校理念和宗旨。东京经济大学前身大仓商业学校的创立者大仓喜八郎提出的建校理念是“责任与信用”。1869 年创立的立命馆大学以“自由与清新”为建校精神,以“和平与民主主义”为建学理念,使立命馆大学成为“一个充满自由和进取精神的学府。”明治大学以“权利自由”“独立自治”为办学宗旨,努力培养朴实刚健、创造新知识、适应新时代要求的人才。正因为学校创始人独特的办学思想,使这些私立名校具备了鲜明的办学特色。① 为适应日本经济发展的需要,日本各种类型、各个层次的私立高等教育,能够合理定位,确定自己的服务面向,非常重视与职业相结合的“实学”,进行彻底的实务教育。准确地分析自身的条件及内外部环境,扬长避短,形成自己独具特色的学科优势,是日本的私立高等教育最具活力的主要因素。

从国内来看,特色兴校成为民办高等学校发展的潮流,特色强教成为民办高等教育的发展道路。西安灵活的办学体制成就了陕西“民办高等教育的高地”,广东的特色资助造就广东民办教育的“领头羊”地位,正是特色理念促进了各省民办高等教育的发展。陕西以经济社会发展需求为导向,合理定位,办出特色。民办高校树立了人才培养与社会需求相结合的办学理念,合理定位,以专业特色为着眼点,突出办学特色。② 西安欧亚学院、西安外事学院、西安翻译学院、西京学院等一批民办高校均在全国具有影响力。以树人大学为代表的浙江民办高等教育以特色创品牌,促进了民办高等教育的可持续发展。浙江树人大学形成了公益办校、质量立校、师资兴校、科研强校、服务特校、开放活校六大办学特色,实现了跨越式发展。③ 而广东省每年三亿的财政资助政策大大地促进了民办高等教育的发展,使得广东拥有了 50 所民办高校、23 所民办本科高校的规模,同时涌现出了广东白云学院、广东培正学院、北京师范大学珠海分校、广州商学院、吉林大学珠海学院、广东东软学院一大批有影响力的学校。广东培正学院在发展的道路上,不断摸索,勇于创新,立足自身,坚持走特色办学的道路,以质量促特色以特色促质量,才能最终形成上

①辜芝兰. 试析日本私立高等教育的特色化办学. 江西理工大学学报,2011,(2).

②西安交通大学中国西部发展研究中心陕西民办高等教育发展战略研究课题组. 在个性特色中谋发展在改革创新中再提高——新时期陕西民办高等教育可持续发展战略研究. 西安欧亚学院学报,2011,(2).

③徐绪卿. 民办高校的特色和未来展望——以浙江树人大学为例. 浙江树人大学学报,2014,(5).

档次、上规模、高质量、高标准的民办本科高校。①

从湖南来看，特色鲜明的民办高校保持了良好的发展势头，亦同样蕴藏着较强的发展潜力。升格为普通二本的5所民办学校各具特色，尤以长沙医学院特色最为突出。长沙医学院打造医学特色，建设附属医院，与医药公司协同共建，实现人才培养和服务社会协同推进，主动建设一流学科，积极提升培养层次和办学水平，率先在湖南获得硕士点建设单位，在武书连大学排名中连续三年获得民办医学类全国第一。湖南涉外经济学院主打涉外品牌，坚持质量立校，特色兴校，人才强校，主动适应市场经济体制，2017年加入宇华教育集团，赢得了新的发展机遇。湖南应用技术学院着眼市场，主打应用技术人才培养。湖南信息学院紧紧抓住信息化发展趋势，培养新型信息人才。湖南交通工程学院紧抓国家交通大动脉建设机遇，培养新时代交通人才。湖南吉利汽车职业技术学院坚持以市场为导向，特色兴校。学院是以培养汽车类高技能人才为主的全日制普通高等职业院校，适应了现代社会汽车工业发展的巨大市场需求，学校发展势头正猛。湖南三一工业职业技术学院依托三一重工，实现多元化、个性化、定制化的人才培养模式。在转型发展过程中，产教融合、“三链”对接，打造“三大专业集群”。学院发挥学科、企业和技术优势，建立健全政府、高校、企业各方面力量共同参与的办学机制。始终坚持全订单培养、招生即招聘、毕业即就业，大力推进双证书制度，建立多种就业渠道，毕业生全球化、全行业、全产业链高质量就业。实现了创新创业教育和就业工作“全面覆盖、全程指导、全员参与”服务导向，同时实现了学院的可持续发展。

第二，超前理念。民办高等教育要取得持续发展，就要从长远出发，要有战略眼光和远景规划，这就要求树立超前理念。模仿和学习虽然比较容易，但毕竟很难在日趋激烈的竞争中赢得主动。在艰苦的岁月里，新中国的建设者咬紧牙关研究原子弹、导弹、核潜艇，这些超前理念下的产物所体现出来的价值和重要作用亦是巨大和影响深远的。

思想引领行动。超前理念要求民办高等教育的管理者打破传统，不要被传统所禁锢，在对民办高等教育的管理体制、机制、方法等方面敢于挑战传统、打破传统，要有战略眼光。例如取消对民办高校的招生计划的限制，既然政府在财政上没有拨款，那么就让民办高等教育适应市场机制，招生计划由民办高校自行编制，政府负责监管。再如取消专业申报，采取备案制，这样更能够让民办高等教育适应教育市场，优胜劣汰。再如政府资助，不少人认为民办学校既然是私人办的，政府就没有义务再来财政资助。他们忘记了民办高等教育也是公益性事业，是高等教育

①周正钟.民办本科高校特色办学的探讨——以广东培正学院外语特色办学为例.辽宁行政学院学报,2009,(10).

的重要组成部分。而广东省就能够打破传统,每年3个亿的财政资助在全国来说都是绝无仅有的,虽然这笔资助是针对广东所有民办学校的,但从广东民办高等教育的勃兴来看不能说与这个财政资助毫无关系。在民办高等教育的举办者来看,超前理念尤为重要。要主动研究未来高等教育市场,甚至国际市场,制定长远发展规划。从国内经验来看,北京城市学院、西京学院等学校申请开办研究生教育就是超前理念的体现。对于民办高校而言,在传统观念下,开办研究生教育是很多人不能理解的,但通过这几年的实际效果来看,这是符合高等教育发展规律的,既是可行的,也是必要的。从湖南省经验来看,长沙医学院的主动申请教育部本科审核评估,积极申报开办研究生教育都收到了良好的效果。中南林业科技大学涉外学院的国际交流合作,与加拿大、美国、英国、澳大利亚、韩国等国家的知名高校分别开展了微留学、海外升硕定向培养项目、“4+1”本硕连读、“2+2”或“3+1”双本科项目,同时,短期交换生项目、暑期赴英、美、澳实习和语言培训项目等也为学生提供了丰富的海外学习实践机会。

(二)湖南民办高等教育创新发展

创新发展就是打破传统,突破固定思维约束的发展。创新发展注重的是解决发展动力问题。要实现民办高等教育的可持续发展,必须把创新作为引领发展的第一动力,创新发展模式和发展道路。

1. 创新发展模式

现代的高等教育模式正向着突破传统学校教育的时间和空间的限制,为人们提供更多、更方便地接受高等教育机会的方向发展。信息化的加快,国际化的加剧都为民办高等教育发展模式的创新提供了契机。新时代湖南民办高等教育要实现可持续发展,必须创新发展模式,走国际合作模式、集团化模式、自主办学模式。

国际合作模式。经济全球化发展进程逐渐加快的结果之一,是进一步加速了大学国际化的步伐。国际化已经成为不可逆转的大势。在美国,华盛顿大学的培养目标增加了“国际理解和交流”,密西根大学提出了“为全世界服务”,宾夕法尼亚州立大学推出了“全球校园”,波士顿大学则将其使命定位为培养“世界公民”。早在1983年,邓小平就提出“教育要面向现代化,面向世界,面向未来”的要求,为教育改革指明了方向。进入21世纪后,特别是近些年来,中国大学国际化已不是一个命题,而是大学发展的常态和生存方式。2015年国务院印发的《统筹推进世界一流大学和一流学科建设总体方案》(简称《总体方案》)是一个国家的战略,也是我们发展的一个路径图。在高等教育阶段需要更多的开放、更多的协作。2016年以来,围绕中央提出的“教育对外开放”和“一带一路”倡议,中国高等教育界已经展开了广泛而深入的讨论。民办高等教育只有抓住国际化这一潮流的机遇,才有可能实现可持续发展。

全球化是大势所趋,国际化是历史的必然。民办高等教育的国际化合作模式有两种战略。一是引进来战略。从国内民办高等学校发展来看,凡是国际化做得比较成功的学校,其影响力和社会认可度都比较高,实现了学校的良性发展。如西安外事学院以“育无国界”的教育理念,与英国、加拿大、匈牙利、韩国、日本、克罗地亚等国家的一百余所知名大学建立各种形式的合作与交流。又如西安翻译学院与美国、加拿大、日本、德国、西班牙、韩国、中国香港等十几个国家和地区的50余所高校建立了友好交流合作关系。从湖南经验来看,国际化成为民办高等教育发展的一大亮点和新的增长点。长沙医学院从2009年正式开始招收留学生,现有900余名来自美国、加拿大、巴基斯坦、尼泊尔、印度尼西亚、印度等26个不同国家留学生在校攻读MBBS学士学位,100余名留学生已从该校顺利毕业,并工作在世界各地的医疗岗位。又如湖南外国语职业学院致力打造“市场化、职业化、国际化”办学特色,是湖南省对外交流与合作最活跃、国际化办学特色最鲜明的高职院校。学院先后与30多所国外高校和教育机构建立了校际合作交流关系。

二是走出去战略。这是湖南民办高等教育可持续发展的一条长久的道路。随着中国经济的发展,国际影响力的不断提升,“一带一路倡议”的持续发力,走出去战略将会越来越显示出它的重要性和紧迫性。可以说,谁在走出去战略中赢得先机,谁就可更加持久地发展自身。从公办高等教育来看,出国留学越来越成为发展趋势。通过交流与合作也更加提升了学校的国际影响力。如天津外国语大学滨海学院始终把推进国际化办学作为自身特色,先后与美国、澳大利亚、英国、加拿大、日本、韩国、德国、法国、比利时、西班牙、新西兰、乌克兰、俄罗斯等13个国家44所院校建立了姊妹校或友好合作关系,并合作举办“3+1”“2+2(双学士学位)”及“3+1+1(本硕连读)”“3+1+2(本硕连读)”等不同类型的合作项目,累计派出1000余名学生赴海外留学深造,实现了良性互动,促进了学院的可持续发展。又如广东白云学院与澳大利亚的埃迪斯科文大学、西悉尼大学,美国的普渡大学、中西州立大学,日本的冈山大学、北海道文教大学,韩国的圆光大学、釜山大学,英国的普利茅斯大学、格林威治大学等10个国家的25所高校开展互派交换留学生、学分互认、双学位及本硕连读等60多项国际合作教育项目,满足了人民对高等教育的多样化需求。就湖南省而言,中南林业科技大学涉外学院的短期国际交流开展得有声有色,深得学生好评。又如湖南外国语职业学院先后建立了“国际海乘班”“赴德就业班”“赴日就业班”等,既为学生提供了多种选择,也扩大了学校的影响。

第一,集团化模式。集团化有助于资源的整合,达到强强联手,实现“1+1>2”的效果。企业集团是现代经济组织的主要形式,是实现规模经济且具有较高激励力度的组织形式。为此,教育的发展有必要借鉴企业集团组织形式,组织教育集团,按照企业的管理办法对教育资源进行市场化经营,提高教育产业的组织化程度,优化教育资源的配置效率。[①] 民办高等教育的发展,集团化之路未尝不是一条创新之路。

从当前形势来看,教育产业化也好,教育经营化也罢,集团化模式逐渐显现它的优势。从国际经验来看,美国的哈佛大学、宾夕法尼亚大学、耶鲁大学、普林斯顿大学、哥伦比亚大学、达特茅斯学院、布朗大学及康奈尔大学,如果从单所学校的实力来看都是在世界上有名的院校,但它们却通过走集团化发展之路,组建常春藤大学。而美国东北部一众顶尖文理学院,包括威廉姆斯学院、艾姆赫斯特学院、卫斯理大学、斯沃斯莫尔学院、明德学院、鲍登学院、科尔比学院、贝茨学院、汉密尔顿学院、哈弗福德学院则组建小常春藤。不管是常春藤还是小常春藤都通过规模化效应优化了资源配置,扩大了影响力。从国内公办院校视角考察,我们也同样看到,近几年的"华约"(清华联盟。即浙江大学、中国人民大学、清华大学、上海交通大学、西安交通大学、南京大学和中国科技大学组成的联考队伍。)、"北约"(北大联盟。包括了北京大学、北京航空航天大学、北京师范大学、复旦大学、厦门大学、南开大学、武汉大学、四川大学、山东大学、中山大学、兰州大学、华中科技大学和香港大学等 13 所知名大学。)、"卓越联盟"(即北京理工大学、大连理工大学、重庆大学、东南大学、哈尔滨工业大学、华南理工大学、天津大学、同济大学、西北工业大学,湖南大学。)的组建,效果明显,进一步打造了品牌,实施品牌扩张,其影响力明显增强,凸显了集团化的作用。

从国内民办高等教育来看,教育集团化逐渐成为一种趋势。广东信孚教育集团的成功就是全面实现教育集约发展的规模化、品牌化、现代化,开创出集团管理、连锁办学的先进模式,打造成中国十大教育品牌之一。北京北方投资集团有限公司(以下简称北投集团)于 2013 年 2 月,为促进集团所属高校之间相互沟通和联系,便于统筹管理,成立"北方国际大学联盟",目前已投资组建 16 所本科院校、2 所高职院校和 1 所国际中学加入联盟(燕京理工学院、北京工商大学嘉华学院、首都师范大学科德学院、重庆大学城市科技学院、成都文理学院、武汉工程科技学院、桂林理工大学博文管理学院、云南师范大学商学院、温州商学院、华南农业大学珠江学院、南京航空航天大学金城学院、中国矿业大学银川学院、中南林业科技大学涉外学院、哈尔滨广厦学院、云南城市建设职业学院、西安工业大学北方信息工程学院、上海立达学院、江苏明达职业技术学院)。教育层次涵盖本科、专科、中外合作办学等。院校分布在全国 16 个省、自治区、直辖市,在校学生 20 余万人,是目前国内规模最大的民办高等教育联盟。宇华教育集团是国内较大的,提供由幼儿园

①曾小军.略论教育经营—兼评民办教育集团化经营模式.教育探索,2004,(10).

至大学民办教育的教育集团，集高等教育、基础教育、学前教育于一体，现有从幼儿园到大学共 29 所知名学校，校区遍布河南、湖南两省 10 个城市，在校师生总数 9 万多人。

从湖南省来看，公办职业教育的集团化之路越走越开阔，经济效益、社会效益不断增强。截至 2016 年，湖南全省有职教集团数 34 个，长沙航空职业技术学院联合军队装备修理工厂、中航工业、中航发企业、民航通航企业和科研院所、院校组建了“航空职业教育与技术协同创新中心”，搭建校企合作战略平台，推进产教融合、校企合作向纵深发展，现理事单位已发展到 88 家。2016 年，集团内开展订单培养 2788 人、现代学徒制试点 82 人，校企共建专业 21 个、产学研基地 14 个，联合开展技术攻关 42 项；集团内企业有 30 名工程师、80 名工程技术人员到集团内院校任客座教授、兼职教师，集团为企业培训员工 5000 余人次，企业为学校捐赠教学设备总值超过 8000 万元。湖南生物机电职业技术学院与中联重科牵头组建中国现代农业装备职教集团，联合全国 32 家知名农业装备企业和 56 所高职院校、科研院所，积极探索集团化办学模式。集团成立后，集团成员博世力士乐公司组织 73 名全国农机专业教师参加了拖拉机液压应用技术培训；湖南高垅航空植保公司承担湖南省农委植保无人机操控手培训，62 人经培训后购置了植保无人机，使湖南稻田的“飞防”面积净增 12.4 万亩；中联重科培训了 2012 名农机操作手。[①] 因此，集团化模式是未来民办高等教育发展的必然趋势。

第二，自主办学模式。现代大学制度视域下，民办高等教育要获得持续发展，就必须走资助办学模式。现代大学制度是在社会发展逐步依赖知识生产的历史进程中，借以促进大学高度社会化并维护大学组织健康发展的结构功能规则体系。这一概念的内涵在于：第一，现代大学制度是知识经济背景下的大学制度；第二，现代大学制度是与市场经济运行机制相联系的大学制度；第三，现代大学制度是工业革命以来大学制度的延续。

从根本上说，现代大学制度是建立在对现实生活高度关注之上的制度。其制度主题强调的是如何在社会高度依赖知识的背景下，使大学与社会间形成更加密切、更加稳定的联系。以促进大学的高度社会化、并有效发挥大学在经济社会发展中的重大作用为主题，现代大学制度以围绕两个基本问题展开：一是如何促进大学组织的高度社会化，使大学与社会间形成有机的互动机制；二是如何解决好大学自身的发展逻辑与直接服务社会的冲突，确保大学的健康发展。现代大学制度所遇到的问题，从根本上说，是如何有效地把握大学的学术自由、大学自治与社会各方

---

①湖南省高等职业教育质量年度报告(2017)，http://www.hncpu.com/s/1/t/145/3c/5d/info15453.htm

面关系的问题,只是这些关系在现代社会里变得越来越复杂。

首先,政府要主动转变职能,调换角色,落实民办高校的办学自主权。自主办学是现代大学制度的显性标志和灵魂。政府要制定相关的政策与法律,完善民办高校法律法规,促进民办高校获得公平发展的机会,落实民办高校的自主权。改革现行的高等教育管理体制,明确规范政府的职责与权力,依法确立民办高校的独立法人地位,明确民办高校的法人属性、产权归属以及税收政策,减少政府的行政审批和计划管制,淡化行政色彩,就政府在发展民办教育方面的责任与义务做出更加细致的规定,逐步还权于高校,唤醒民办高校的勃勃生机和市场活力。政府退出微观、具体、细致的管理职能,将微观职能归还民办高校,着力提升公共服务能力,对大学的管理实现从微观趋向宏观、从直接趋向间接、从过程趋向目标的转折,确保民办高校作为相对独立的法人依法自主办学的权力。办学自主权的落实,是民办高校建立现代大学制度的根本保障。①

其次,政府要转换管理思维和理念,树立公共政府和服务政府的现代理念,实现从"命令型"管理到"服务型"管理的转变,扶持和规范民办高校健康发展。一是通过公共政策激发民办高校面向市场需求的能动力量,发挥其体制机制优势,切实加大对民办高校的支持力度。二是建立对民办高校的政府经费资助制度,完善政府间接扶持政策,改善民办高校的资金环境,打破民办高校发展壮大中经费不足的瓶颈困扰,促进民办高校持续发展。三是在制度安排上平等对待,破除垄断,开放民办高校享有平等权利的市场环境。

最后,民办高校在构建现代大学制度中要保持合理的张力。合理的自治空间是大学发展的必要条件。构建现代大学制度要在政府宏观调控之下,大学面向社会依法办学、实行民主管理,恰当适合的自治空间是大学生存的根基、发展的土壤。民办高校要充分而合理地使用自主权,建立起自我约束机制。大学自治被表达为四项具体自由,即自主决定谁来教、谁来学、如何教、教什么。所以,民办高校在积极呼吁和争取办学自主权的同时,要深入研究、大胆改革,积极探索落实办学自主权的有效路径。

2. 创新发展道路

发展道路是路径的选择,在我国民办高等教育的发展道路上,主要的形式是捐资办学和投资办学。捐资办学是我国私立高校发展的首选道路,是最早采用的办学模式。无论是国内还是国外,理论上捐资应成为未来高校发展的主要筹资方向。但就我国的实际情况来看,捐资办学仍然不是主流。改革开放以来,我国出台了各

①李桂荣. 现代大学制度视域下民办高校自主办学路径探析. 长春工业大学学报(高教研究版),2015,(1).

种关于高校办学体制创新的制度,民办高校的创新发展也首当其冲。投资办学成为新的选择,客观地说,纵然绝大多数民办高校都会选择非营利性办学,但“合理回报”却是每个民办高校举办者都不会忘记的。无论是捐资办学还是投资办学,都存在着一定的难度和困境。以潘懋元为代表的过渡性的发展道路成为一种新的选择,这条道路是在坚持公益性的基础上,承认市场经济下逐利行为的合理性。① 一切从实际出发是马克思主义的理论品质,要实现湖南民办高等教育的可持续发展,就必须走符合湖南特色的民办高等教育发展之路。

第一,市场化发展道路。办学规模与结构、课程设置及其质量发展、变化等,都是一个以市场为基础的动态发展过程。民办高等教育必须根据各自的定位和各个历史时期劳动力市场的需求结构的变化,不断调整自己办学的方针和专业设置,以适应社会发展对多样化人才的需求。就当前情况而言,民办高校大多以教学型为主,以服务型为主。市场经济乃是一种经济制度,是市场在资源配置中起主导作用和基础作用的经济基础。在市场经济的大背景下,民办高等教育要主动适应教育市场的变化和发展,及时作出调整。如专业的增减就要与市场相适应,市场需要什么样的人才就培养什么样的人才。

第二,社会企业化道路。随着新版《中华人民共和国民办教育促进法》的出台,分类管理成为一个显著的亮点,民办高等教育发展也迎来一个新的转折。在新的时代,民办高等教育的可持续发展在既往的市场化发展道路上要逐渐转型,走向社会企业化道路。社会企业是指以企业化手段去实现社会目标的非营利组织,具有两个突出特点:一是社会目标;二是企业化手段。私立高校举办者以其企业化手段,并遵循福利性原则而向受教育者提供高等教育这种私立高等教育的发展模式叫社会企业化发展模式。此类模式属非营利模式的范畴,区别只在于,它强调以企业化手段筹集办学资金,一方面使得资金来源多元化;另一方面使得办学资金的利用率得以提高。② 这类模式在获得捐资和政府资助方面同样具有优势,更有利于民办高等教育可持续发展。

第三,产学研发展道路。产学研即产业、学校、科研机构等相互配合,发挥各自优势,形成强大的研究、开发、生产一体化的先进系统并在运行过程中体现出综合优势。是指企业、科研院所和高等学校之间的合作,通常指以企业为技术需求方,与以科研院所或高等学校为技术供给方之间的合作,其实质是促进技术创新所需各种生产要素的有效组合。从国际经验来看,具有持续发展潜力的学校都是产学

①潘懋元.我国民办高等教育发展的第三条道路.高等教育研究,2012,(4).

②查明辉.民办高等教育发展模式转型必要性研究——基于市场化到社会企业化探索.民办教育研究,2013,(6).

研一体化发展的学校,如美国的耶鲁大学、普林斯顿大学,日本的早稻田大学等。从国内来看,北京吉利学院依托吉利控股集团办校优势,深化产教融合,产教协同。天津滨海汽车工程职业学院与汽车行业、企业联合开展"现代学徒制"培养工作。宁波大红鹰学院坚持深化产教深度融合、校政企多元合作,先后共建大宗商品商学院、国泰安创业学院、慧科互联网学院、3D 打印学院、象山影视学院、大宗商品流通协同创新中心、蓝源家族财富管理研究院、埃美柯自动化装备协同创新研究院、创新经济研究所等多个特色学院和研究机构,通过学科交叉融合和产学研协同创新。从省内来看,产学研结合的学校都取得了较好的发展成绩,也显示出较强的发展潜力。如湖南三一工业职业技术学院依托三一重工股份有限公司,成功与该公司等国内外 40 余家行业领先企业建立了校企合作关系。工学结合,知行合一,联合打造营销与售后服务冠军班、售后服务工程师国际班、精英班、筑工班、军工班等订单培养项目,百花齐放,硕果累累。湖南吉利汽车职业技术学院依托吉利集团,形成了校企双主体育人的模式,使学生所学与企业所需实现无缝对接。

二、协调发展

(一)协调与协调发展理念

协调就是正确处理组织内外各种关系,为组织正常运转创造良好的条件和环境,促进组织目标的实现。协调是民办高等教育持续健康发展的内在要求。不谋全局者,不足谋一域。历经 40 年的高速发展,湖南民办高等教育正面临着一系列不平衡、不协调、不可持续的问题。协调发展因应发展失衡和不可持续而生,是发展实际倒逼而来,也是因时而动、应势而为,发挥主观能动性的自觉选择。协调发展意味着弥补短板和薄弱环节,并从中拓宽发展空间、寻求发展后劲,实现全方位的均衡协调发展,这也是民办高等教育持续发展的重要内涵。"唱和如一,宫商协调。"增强发展协调性,必须在协调发展中拓宽发展空间,在加强薄弱领域中增强发展后劲。

《管子·地员》篇中提出:"地者政之本也,辨于土而民可富。"墨子认为"顺天意而得赏",承认人应该按自然规律办事。《国语·鲁语》记载,鲁宣公在泗水上张网捕鱼,里革将渔网割断扔进水里,劝鲁宣公渔猎要及时,要让动植物得到繁衍,才能取之不尽,用之不竭。"且夫山不槎蘖,泽不伐夭,鱼禁鲲,兽长,鸟翼鷇卵,虫舍蚳蝝,蕃庶物也,古之训也。"《孟子·梁惠王》篇中,也有合理利用和保护自然资源的人地协调观点:"数罟不入池,鱼鳖不可胜食也。斧斤以时入山林,树木不可胜用也。"如果用细网捕鱼,会把鱼苗也一网打尽,春夏入山砍伐森林,便要无林可伐。商鞅曾提出"为国任地"的观点,《商君书·算地》篇:"民过地,则国功寡而兵力少。

地过民,则山泽财物不为用。”主张人口与耕地比例要保持平衡。认为要“垦田足以食其民,都邑道路足以处其民,山林、薮泽、溪谷,足以供其利,薮泽、堤防足以蓄。故兵出粮给而财有余,兵休民作而畜长足。”习近平指出,“发展必须是遵循经济规律的科学发展,必须是遵循自然规律的可持续发展,必须是遵循社会规律的包容性发展”,必须“着力提高发展的协调性和平衡性”,强调要遵循经济规律、自然规律、社会规律,实现科学发展、可持续发展、包容性发展,提高发展的协调性和平衡性。

(二)湖南民办高等教育协调发展

随着人们对高等教育需求水平的不断提高,湖南民办高等教育发展不平衡不充分的矛盾也逐渐显现。区域差异化、不均衡发展的问题引起普遍关注,因而民办高等教育的区域发展受到很大的质疑。协调好民办高等教育发展过程中的规模与质量、投入与产出、经济效益与社会效益等的关系,成为民办高等教育可持续发展的重要因素。

1. 民办高等教育与公办高等教育的协调发展

强化整体战略规划,从政府层面加强民办高等教育与公办高等教育的统筹协调,在市场失灵时,充分发挥政府调节、干预的作用,采取相应政策鼓励、限制或引导,尽可能实现资源的最优配置,为民办高等教育发展营造良好的政策环境。加强高等教育市场和教育资源的统筹协调,确定公立高校和民办高校各自不同的发展重点,优化高等教育整体结构,避免重复建设和不良竞争。充分发挥公办高等教育和民办高等教育的两个优势,实现协调发展。

民办高校依然是社会主义的大学,政府负有不可推卸的责任,因此在促进民办高校与公办高校的协调发展中应起到主要作用。政府要用好政策、人才和规划三个杠杆,引领民办教育协调发展。一是用好政策,包括国家政策和省级政策,在观念和指导思想上对民办高校一视同仁。例如在税收和土地政策上的落实,包括政府对公益性事业的财政资助等。二是人才。政府应打破常规,借鉴外省先进经验,对民办高校具有博士学历或副教授职称或副处级人员统一纳入省级人才管理,在养老保险等方面视同公办院校,以促进民办高校的整体稳定。三是规划。民办高校自身应是微观规划和内部自身管理,而在省级层面上,政府应把民办教育纳入整个教育发展的总体规划,统筹规划。随着湖南高等教育大众化趋势的进一步发展,公办高等教育和民办高等教育必将形成互相竞争、互相合作的关系,两者在各领域的合作必将在广度和深度上获得日新月异的进展,湖南高等教育亦将进入一个新的历史发展阶段。

2. 民办高等教育与社会、经济、环境的协调发展

在经过40年的发展后,湖南民办高等教育在规模上已经得到了很大的发展。

任何事物的发展都必须与社会、经济、环境发展相适应，民办高等教育也不例外。从现有的民办高等教育的实际情况来看，服务于当地经济社会发展是主要社会贡献，因此民办高等教育只有与区域经济社会发展相协调，才能够取得更大、更持久的发展。

民办高等教育依托于地方、服务于地方，在区域地方的经济发展和社会发展过程中都有重要的推动作用，尤其表现在人才供给和技术供给两个方面。[①] 教育部先后对上百所地方本科院校的管理体制进行了调整，与日益发展的民办高校形成了和谐共存的良好互促局面，将地方高校进行合并，为地方经济发展作出了贡献。民办高校的地域性更强，更能够激活地方高校与地方经济发展之间的互动。地方高校在我国高等教育中一直是中坚力量，地方高校的特色办学有利于当地经济的发展，为地方社会发展提供所需的人才，高校发展与地方发展是一种互动双赢的关系，在民办高校的发展中可以持续不断地为地方经济作贡献，而地方经济的发展也能够为民办高校的发展助力。因此，民办高等教育的发展一定要与本地社会、经济、环境和发展水平相适应，采取适度超前发展的模式，实现自身发展与本地经济社会的协同发展，以达到双赢。

要实现民办高等教育与区域经济社会发展的协同，民办高校要在办学理念上树立主动服务意识，面向地方社会、文化、精神等多方面的服务意识，积极参与到地方社会发展以及政府战略规划或者校企合作项目中去。其次，要调动民办高校的师资力量，积极参与到为地方服务的"战场"上。对于湖南的经济、社会发展而言，高校的专业和特色办学是服务地方经济发展的主力军。因此，湖南民办高校的专业设置和精准定位上要形成自己的办学特色，并与地方经济发展对接。要在与地方经济、社会发展的战略规划相配合的基础上，提高民办高校服务地方的能力，以达到多方共赢，从而促进民办高等教育持续发展。

3. 民办高等教育规模与人口的协调发展

教育的对象是"人"，因此，讨论高等教育的发展，人口是最基本的问题。湖南是一个人口大省，人口变动必然会对民办高等教育产生直接或间接的深刻影响。而从现有的调查统计结果可以得出，湖南民办高等学校的生源，普通二本本省占比超过60%，独立学院超过70%，高职专科超过80%。进入新时代，湖南高等教育逐渐向大众化迈进，最终将达到普及化，民办高等教育的变化受适龄人口的影响将变得越来越明显。因此，民办高等教育与人口的协调将是民办高等教育可持续发展的重要决定因素。

招生规模的相对稳定有利于高校进行阶段性的调整，从而缓解因招生规模的

---

①陈懿婷. 民办高校服务地方区域教育发展的高等教育改革探索. 陕西教育，2018，(3).

急剧扩张所带来的教育质量实质性下降。在推进高等教育大众化进程的前提下招生规模的相对稳定,使高校可以将有限的资源用于提高教育质量,从而保证高等教育的健康发展。一个不可忽略的事实是城镇化政策的实施,如果说出生人口是从总体上对民办高等教育产生影响,那么人口迁移将从区域上影响民办高等教育的发展。首先,人口迁移通过改变教育观念对高等教育施加影响。甘纳·福格斯泰德发现,人口的迁移变动会对教育带来影响,这种影响主要是通过刺激人们受教育的动机和改变地区教育适龄人口数来实现的①。从人口迁入地来看,迁入人口促进了当地经济的发展,从而提高了当地投资高等教育的能力,有利于促进高等教育的发展。迁移人口的变动通过对迁出地和迁入地经济上的贡献间接为高等教育的发展提供了经济支持。②

根据中国产业研究院发布的数据可知:2017 年末湖南常住人口 6860.2 万人,比上年增加 38.2 万人。查看历史数据发现,近五年湖南常住人口增量呈现下降趋势。2017 年全年湖南出生人口 90.8 万人,比上年减少 1.5 万人。出生率 13.27‰;死亡人口 48.4 万人,死亡率 7.08‰;人口自然增长率 6.19‰。2017 年湖南城镇人口 3747 万人,城镇化率 54.62%,比上年末提高 1.87 个百分点。③ 根据湖南省经济地理研究所苏昌贵研究员的预测,湖南人口将在 2030 年达到顶峰,届时人口总数为 6889.11 万人。④ 由于该研究成果发表于 2014 年,而 2016 年开始国家实施全面二孩政策,因此参考意义不大。2017 年 3 月,省发改委发布了《湖南省“十三五”人口发展规划》。到 2020 年,湖南人口年均自然增长率控制在 8.5‰以内,全省户籍总人口达到 7600 万人左右,常住人口数达到 7050 万人左右。⑤ 根据这一规划,结合全面二孩政策和将来可能实施的全面放开政策,湖南人口到 2030 年将远超苏昌贵研究员预测的 6889 万。

湖南民办高等教育的可持续发展必须全面考虑全面二孩政策、城镇化建设、高等教育大众化政策,同时考虑高等教育人口的适度滞后性。湖南民办高等教育管

---

①Gunnar Fougstedt. The Effect of Demographic Variables on the de-mand for Education in view of manpower requirements[J]. Educa-tion and Population Mutual Impacts, ed. By Helmut V. Muhsam, International Union for Scientific Study of Population. 1987.

②邹小勤. 人口变动对高等教育的影响. 江苏高教, 2010, (1).

③2017 年湖南人口大数据分析:常住人口增加 38 万出生人口减少 1.5 万, http://www.askci.com/news/finance/20180313/155906119628_2.shtml(数据来源:中商产业研究院大数据库)。

④苏昌贵. 湖南未来人口预测与发展趋势分析. 经济地理, 2014, (7).

⑤2020 年湖南户籍总人口预计 7600 万人人均预期寿命 77 左右, http://hn.rednet.cn/c/2017/03/10/4234596.htm.

理者和举办者应该联合组建设民办高等教育综合研究机构,全面研究人口因素、城镇化建设、区域经济发展等与高等教育相关因素,进而科学制定民办高等教育的发展战略,包括民办高等教育规模、区域协调、层次分配等,以促进民办高等教育的可持续发展。

4.民办高等教育学校、教师、学生的协调发展

教育强则国强,教育兴则国兴。教育决定着人类的今天,也决定着人类的未来。民办高等教育与公办高等教育一样承担着人才培养、科学研究、服务社会、文化传承创新的办学任务。因此,民办高等教育的发展同样是中国教育事业发展的重要组成部分。民办高等教育的持续发展为全面建成小康社会,建设社会主义现代化强国,实现中华民族伟大复兴的中国梦提供持久的力量。要实现民办高等教育的可持续发展,就必须协调好学校、教师、学生的发展关系,实现整体发展。在民办高等教育的发展中,学校是平台,教师是关键,学生为中心。

第一,处理好学校发展与教师发展的关系。学校发展与教师发展是相辅相成的,互为基础的。学校发展了,才能带动教师更好地发展。学校都无法发展下去了,教师发展也就成为无本之木;教师不能发展,学校发展也就成了无源之水。“百年大计,教育为本。教育大计,教师为本。”邓小平同志曾经指出:一个学校能不能为社会主义建设培养合格的人才,培养德智体全面发展、有社会主义觉悟的有文化的劳动者,关键在教师。《国家中长期教育改革和发展规划纲要(2010—2020年)》指出:“有好的教师,才有好的教育”。教师是大学赖以存在和发展的基础,是提高大学教育质量的关键因素,是学校和教学变革的心脏。教师的水平和质量决定着学生培养的质量、学校的科研水准,向社会提供咨询服务的能力,以及整个国民教育体系质量。只有教师发展好了,学校才能够获得更好的发展。

从学校视角来看,民办高校的举办和管理者不能将教师视为赚钱的工具。不少民办高校的举办者总是认为“铁打的学校流水的教师”。在供大于求的就业市场中,不少民办高校举办者很少顾及教师的权益,不愿为教师发展提供平台,甚至认为做教师培训不值得。从现有的教师培训政策来看,民办高校显然积极性不高,政策不宽松。以攻读博士学位为例,在公办高校,较为普遍的政策是鼓励加待遇提升,即教师获得博士学位后均有数万不等的经济补偿,在科研立项上有博士资助项目,甚至有解决配偶就业的优先政策。而在民办高校普遍存在一种怕教师读了博士后离开学校的恐惧心理,然后要求读博期间完成平常一样的工作量,并且在读博前要求教师签约,将工资写成培训资助经费,如若完成博士学业未回校工作,将索赔数倍赔款。在不少民办高校,教师进修培训尤为鸡肋。长此以往,教师不愿深造,培训回来的也心生愤懑,不利于学校的持续发展。

从教师视角来看,教师不能把民办高校作为打工赚钱的场所和跳板,而应该作

为自己培养人才、服务社会的平台。不少民办高校的教师总是认为自己只不过是一个打工仔,过一天算一天。加上民办高校整体工作压力较大,不少人认为自己的付出与所得不相称,不能沉下心来工作,总想把现有单位作为自己的跳板。不少民办高校的教师在职称上有所突破的时候就千方百计离开学校。而公办高校对较高水平教师或者博士开出的引进待遇,又确实具有较高的吸引力,加之湖南民办高校当前条件下给教师的“五险一金”都是企业性质,而且都是最低标准,实际上造成了教师的心理不平衡,一有机会就选择跳槽也就不难理解。这将给民办高校的师资力量造成较大的影响,民办高校师资力量两头大中间小的实际就是真实反映。因此,民办高校举办者和管理者应当从长远利益出发,在人才政策上有所突破,留得住人,更留得住心。教师发展是学校发展的重要组成部分,毕竟学校的发展最终要依靠的是教师。因此,民办高等教育的可持续发展一定要处理好学校发展和教师发展的关系,既要发展好学校,也要发展好教师,二者不可偏废。只有做到学校发展与教师发展的同频同步,才能发挥共振作用,形成良性循环,促进民办高等教育持续发展。

第二,处理好学校发展与学生发展的关系。从发展的相互关系来看,学校发展和学生发展是相互促进的,学校的发展为学生发展提供了基础,学生发展为学校发展提供支撑。民办高校的举办者更应该平衡学校发展和学生发展的关系,在发展学校的同时发展学生,实现学校和学生的共同发展和可持续发展。

首先,以学校发展促学生发展。在当前形势下,不少民办高校缺乏发展思维,或者发展方向不清。其具体表现为:一是部分民办高校举办者只顾产出而不管投入,在教学基本实施上不愿投入资金,只维持基本的教学需要,造成教学基本条件差,不少民办高校的教室破败不堪,宿舍陈旧拥挤。二是不愿花资金改善办学软环境,例如不少民办高校不愿建设信息化校园,在教学信息化上同样舍不得投资,不愿建设信息化教学平台。三是在教师编制上偏紧,每位教师身兼数职,工作压力大。四是部分民办高校只顾维持现状,不愿投入资金提升办学层次。以上情形均制约了民办高校的可持续发展。面对新时代人们对美好教育的需要,民办高校一定要转变观念,以办人民满意的高等教育为己任,以改善办学条件为基础,提高办学层次为动力,提升教学质量为中心,以促进学生发展为目的加大学校发展力度。

其次,以学生发展倒逼学校发展。在日趋激烈的社会环境中,民办学校的学生将遭遇更大的挑战。在社会依然有偏见,对民办高校毕业生有歧视的现实下,唯有提高学生的素质和能力,才能赢得一席之地。毕业生的水平和社会反响是一个学校的办学水平和社会声誉的直接体现。民办高校一是要狠抓人才培养质量,以优秀的毕业生赢得社会的尊重,从而增强学校的社会认可度。二是要保障学生的权益,赢得学生的称赞,通过学生的口碑宣传学校,扩大学校的影响力。不少民办高校的学生对母校的不认可,甚至各种失望就是反面教材。只有民办高校的举办者理解了学生是学校的宣传者,是学校声誉的直接体现者,才会倒逼他们尊重学生,注重学生的发展。要发展好学生,就要推进学校的各项事业的发展,从而促进民办高等教育可持续发展。

5. 民办高等教育规模、质量、特色的协调发展

规模、质量、特色是影响民办高等教育的三个核心因素。规模是基础,质量是保障,特色是关键。无论是国外的成功经验,还是国内的成功榜样,凡是著名的民办高校都非常注重规模、质量和特色的协调发展。如陕西的民办高等教育,不仅在规模上全国屈指可数,其办学质量亦可圈可点,同样富有特色,涌现出了西京学院、西安翻译学院、西安外事学院、西安欧亚学院、陕西服装工程学院等一大批各具特色的学校。广东也一样,民办高等学校规模名列前茅,办学质量全国公认,特色同样鲜明,拥有广东白云学院、广东培正学院、广东东软学院等民办名校。从学校层面来看,凡是发展势头好、有潜力的民办高校都注重了规模、质量、特色的协调发展。

第一,重视规模更重视质量。规模是民办高校生存的基础,但质量是民办高校发展的根本。目前不少民办高校过分看重规模,一心数量取胜。这有客观的原因,民办高校的办学经费最主要的来源就是学费,像国外比较普遍的校友捐资和社会捐赠少之又少。二是不少民办高校举办者过分强调"合理回报",规模的扩张是最便捷的途径,而教学质量的提升,管理水平的提高,办学层次的提高均需要大量的投入,并且短期内很难见到回报。因此,民办高等学校的"大班额"现象凸显,湖南有的民办高校一个班的学生最多的超过 150 人,一般都在 100 人以上。"大班额"虽然大量缩减了师资,节约了办学成本,但随之而来的必然是教学质量的下降,学生综合素质的降低。这就需要民办高校的举办者有发展眼光,从长远利益出发,在适度规模的前提下重视质量。

第二,讲求规模更讲求特色。特色就是人无我有,人有我优。2016 年 4 月 15 日,国务院总理李克强考察清华大学、北京大学并发表重要讲话:"要加快建设一批高水平大学,鼓励公办、民办各类学校办出特色,分类发展。""高校只有分类发展、错位发展、特色发展,才能从整体上更好地适应社会需求。"①当前,我国民办高校与公办高校办学"同质化"现象严重是一个不争的事实。民办高校办学之基在于彰显特色。只有特色鲜明,才有可能办高质量的高等教育,培养现实经济社会发展所需要的高质量的人才。也只有特色鲜明,培养的学生才能够在竞争激烈的社会

①李克强. 在高等教育改革创新座谈会的讲话, http://china. cnr. cn/news/20160418/t20160418_521899040. shtml.

立足。民办高校必须从省情、市情实际出发，做好特色定位与特色发展的顶层设计工作，与公办院校错位竞争。转型发展的关键在于全面提高服务地方经济社会发展的能力、适应经济社会发展对高质量应用型职业型人才培养的需求。从湖南的经验来看，长沙医学院以鲜明的医学特色赢得了社会的认可，发展一年比一年好；湖南外国语学院突出语言特色，特别是小语种特色取得了良好的发展势头；湖南三一职业技术学院以机械制造特色赢得了市场；湖南吉利汽车职业技术学院以汽车为特色取得了行业成就。

第三，注重质量和特色的齐头并进。2016 年 9 月 21 日，教育部部长陈宝生到广西大学调研时在座谈会上强调指出："质量决定兴衰。大学能不能兴起来，是否可持续发展，关键靠质量……质量与特色紧密联系，特色是质量保障下的特色，脱离质量的特色是包装出来的。"[①]民办高等教育立校之本、办学之基在于提升质量与彰显特色。办学特色是一所高校独特的办学理念、办学定位、办学目标、办学模式、办学路径、办学质量与人才培养质量等所形成的有别于其他高校的标志和品牌。只有特色鲜明，才有可能办高质量的高等教育，培养现实经济社会发展所需要的高质量的人才。特色就是质量，只有将质量与特色有机结合、双赢共进，民办高校才会有竞争力，才有持续发展的潜力。[②]

湖南民办高等教育要统筹"全面二孩"政策所产生的教育人口数的变化，适应湖南经济新常态的发展，满足人们对高等教育的美好需求，以适度超前的规模，实现民办高等教育由中高速发展向高质量发展转变，彰显湖南特色，突出学校特色，助推湖南民办高等教育可持续发展。

三、绿色发展

（一）绿色与绿色发展理念

绿色发展是以效率、和谐、持续为目标的经济增长和社会发展方式。其内涵是在传统发展基础上的一种模式创新，是建立在生态环境容量和资源承载力的约束条件下，将环境保护作为实现可持续发展重要支柱的一种新型发展模式。绿色发展理念以人与自然和谐为价值取向，以绿色低碳循环为主要原则，以生态文明建设为基本抓手。2005 年 8 月，时任浙江省委书记的习近平同志在浙江湖州安吉考察

①段留芳．教育部部长陈宝生：高等教育要增强五大办学理念．人民政协报，2016，9（09）．

②杜福磊．民办高等教育提升办学质量与打造办学特色的理性思考．河南教育学院学报（哲学社会科学版），2017，（1）．

时,提出了"绿水青山就是金山银山"的科学论断。2017 年 10 月 18 日,习近平同志在十九大报告中指出,坚持人与自然和谐共生。必须树立和践行绿水青山就是金山银山的理念,坚持节约资源和保护环境的基本国策。

在绿色理念的指导下,绿色教育逐渐被人们所提倡。"绿色教育"植根于"化民成俗"的优秀历史传统,继承历代鸿儒志士"齐家治国平天下"的高尚情怀,融入崇尚民主科学、张扬自由个性、激励实践创新的时代精神,努力为新世纪培养心胸开阔、志向高远、基础扎实、特长突出、素养全面、个性鲜明、富有自主意识和独创精神、勇于探索实践的现代英才。绿色教育的主体是科学教育和人文教育的交融,培养科学和人文的精神,追求教育的灵性。绿色教育更重要的应该要关注于人,关注学生的素质发展,培养良好的教育生态环境,促进学生的不断持续发展。

绿色教育具有艺术性、综合性、前展性;绿色教育具有强大的生命力;绿色教育富有时代感、责任感,科学、高效;绿色教育以人为本、以能力为中心、以综合育人为己任;绿色教育激励、引导学生夯实基础,吃苦耐劳,形成正确的价值观、人生观、世界观;绿色教育引导学生树立远大的服务于社会的人生目标,积极、乐观,责任明确,主动健康发展。绿色教育的入口是师生要建立民主、平等、和谐的特殊伙伴关系;绿色教育的基础是保证教育的方向性、健康性、民族性;绿色教育的关键是突出时代特色,适应社会转型,培养适应社会的人;绿色教育的重点是传承文明、教书育人、习惯养成、务实创新,把书本世界和社会实际、生活实际结合起来;绿色教育的主渠道是有效的课堂教学,课堂教学是一切教育的保障;绿色教育的突破口是把学习的自主权、发展权还给学生,学会合作、学会探究、学会创造;实施绿色教育的过程是由"重教到重学",再把品位提高到全方位宏观育人,特别要关注人文素养的培养,精神境界的培养。"教、学、育"融为一体,既是目标又是过程。

(二)湖南民办高等教育绿色发展

学生的发展就是教育的发展,教育的发展就是社会的发展。判别教育是否成功的标志之一就是看每一个学生的"发展"状况。绿色教育就是让每一个学生在突出个性的基础上激起发展的欲望,实现全面发展、最佳发展、可持续发展。湖南民办高等教育绿色发展要贯彻绿色教育理念创建绿色校园环境;培养德艺双馨的绿色教师队伍;打造生动民主的绿色课堂;培养德智体美劳全面发展的绿色大学生。

1. 贯彻绿色理念创建绿色校园环境

"绿色教育"坚定不移地秉持"以人为本"的育人理念,遵循人才成长的客观规律,积极适应现代社会文明、进步的发展需求,努力促进学生素质的全面、和谐、自由、可持续发展。绿色校园环境包括绿色自然环境和绿色人文环境。

打造优美校园环境，建设绿色校园。校园环境对学生的发展，对学校的持续发展有相当大的影响作用。厦门大学的闻名不仅因为学校在各方面取得的综合成就，更离不开其优美的校园环境的影响，“环境最优美的中国大学”每年都成为其对外宣传的一个亮点。清华北大不仅因为其超一流的学术影响，其如画的校园环境也是吸引全国学子的一个不可忽略的因素。从湖南来说，中南大学、湖南大学、湖南师范大学之所以在全省甚至全国有名，除了其自身综合实力外，与岳麓山的美景和各自校园的优美风景是分不开的。

因此，民办高校必须重视校园环境在育人中的重要作用，在树木、山石、鸟兽虫鱼等上做文章，打造优美校园人文景观，这种较为典型及较受欢迎的环境存在物会成为类型符号，在传递价值和意义上更为明确、更容易产生影响力。花大力气改善宿舍、教学楼、图书馆、食堂等公共场所的人居环境，让学生在一种愉悦自在的环境中学习和成长。让教职工在优美的环境中工作生活，修心养性，更能够促进校园和谐，促进学校发展。

第一，打造富有特色的人文环境，建设绿色大学。人文环境可以定义为一定社会系统内外文化变量的函数，文化变量包括共同体的态度、观念、信仰系统、认知环境等。人文环境是社会本体中隐藏的无形环境，是一种潜移默化的民族灵魂，是人为因素造成的、社会性的，而非自然形成的。人文环境对人的影响力往往是持久的、深远的。大学生思想觉悟的提高，认知能力的改善，道德品格的形成，一刻也离不开校园环境。环境通过感染、熏陶和渗透来化育其情感，启迪其心智，而活动于其中的学生也是通过对环境所提供信息的正确反映、评价和选择，完成其思想转变和认知改善的。① 一个学校的人文环境直接影响一个学校的发展。通过打造“绿色”人文环境，将有益于社会“绿色意识”的形成，实现“绿色人才”的培养，同时，也将促进高等院校自身的持续发展。

所谓“绿色大学”建设，就是围绕人的教育这一核心，将可持续发展和环境保护的原则、指导思想落实到大学各项活动中，融入大学教育的全过程。② 哈尔滨工业大学叶平教授认为：“绿色大学”主要指全面贯彻和渗透生态意识与可持续发展理念的新时代大学。③ 民办高校要从长远着眼，利用后发优势，在“绿色大学”建设上下功夫。包括构建具有“绿色”意识的办学思想，用绿色教育思想培养人，用绿

①于生宗，梁大伟. 马卡连柯的环境育人思想对高校思想政治工作的启示. 教育与职业，2014，(21).

②王大中. 创建“绿色大学”示范工程，为我国环境保护事业和实施可持续发展战略做出更大贡献. 环境教育，1998，(3).

③叶平. 道法自然：生态智慧与理念. 中国环境科学出版社，2001.

色科技意识开展科学研究和推进环保产业，用绿色校园示范工程熏陶人；制定自己的绿色教育规划或“绿色大学”建设计划，其内容可包括教学、科研、社会服务、行政管理以及后勤服务等。

2. 打造德艺双馨的绿色教师队伍

“才者，德之资也；德者，才之帅也”。德，就是个人品德、职业道德、家庭美德、社会公德、职业精神、价值取向、社会信誉，以及理想信念、思想境界、精神追求等，是中华民族优秀传统文化和社会主义先进文化的集中体现，是教育工作者立身处世之根、人格魅力之本。艺，是教育技能和艺术，就是艺术才华、艺术能力、艺术思想、艺术风格、艺术境界等，是艺术造诣的集中展现，是教育工作者成就事业之基、艺术魅力之源。德与艺相辅相成、辩证统一，德是艺的灵魂，决定着艺的发展方向；艺为德提供支撑，是德发挥作用的基础。

民办高等教育与公办高等教育在本质上是一致的，都是培养德智体美劳全面发展的时代新人。因此，必须把立德树人作为教育的根本任务。习近平总书记2018年5月2日在与北京大学师生座谈时指出：“要把立德树人的成效作为检验学校一切工作的根本标准，真正做到以文化人、以德育人，不断提高学生思想水平、政治觉悟、道德品质、文化素养，做到明大德、守公德、严私德。要把立德树人内化到大学建设和管理各领域、各方面、各环节，做到以树人为核心，以立德为根本。”[①] 习主席把“教师”视为中国的立教之本、兴教之源。反复强调“百年大计，教育为本。教育大计，教师为本”。

第一，民办高校要把“德”放在教师队伍建设的首位。囿于现实的原因，不管是民办高校的举办者还是民办高校的教师都在一定程度上存在功利主义倾向。不少民办高校把学生培养的重点放在应用技能上，自然对教师的要求也主要在专业的能力建设。同样不少的民办高校的教师深受“打工”思维的影响，认为只要传授专业知识，学生品德培养事不关己，自然带来对自身“德”的建设的忽视。这都不利于民办高等教育的持续发展。民办高校教师要始终把“立德”作为自己一生的坚守，在育行、育心、育人上下功夫。

“育行”是立德树人的第一种境界。陶行知先生曾指出学生的“生活、工作、学习倘使都能自动，则教育之收效定能事半功倍。”“致天下之治者在人才，成天下之才者在教化。”帮助学生扣好人生的第一粒扣子。陶行知说：“教育能改良个人之天性。人之性情有善有恶，教育能使恶者变善，善者益善。”种树者必培其根，种德者必养其心。教育是爱的艺术，有爱才会有生命的绽放。陶行知教导我们：“先生不应该专教书，他的责任是教人做人。千教万教，教人求真；千学万学，学做真人。”

①习近平. 习近平在北京大学师生座谈会上的讲话. 人民日报，2018，5(02).

习近平指出：教师职责第一位的就应该是“传道”。教师作为教育活动的实施主体，在立德树人中起到关键性的主导作用。民办高校教师一是要坚定理想信念。教师要实现立德树人，自身就要具备正确的价值观和高尚的道德情操。教师的思想政治修养及道德修养，对于学生人生道路的选择及立身处世的态度有重要的导向作用。教师既是知识的传授者，又肩负传播正能量、弘扬主旋律的使命，要强化自身的政治素养，提高政治觉悟。二是要树立爱岗敬业的意识。教师要提升立德树人的能力，就要树立爱岗敬业的意识，拥有作为一名教师的使命感、责任感和荣誉感。教师要热爱自己的本职工作，愿意为教育事业付出自己的精力和热忱，敢于吃苦，甘于奉献，不但要做学生的授业之师，而且要做学生的道德模范，做社会主义核心价值观的践行者，做社会主义精神文明建设的引领者。

民办高校要把“艺”放在教师队伍建设的中心。这里的“艺”，就是教学能力和教学艺术。首先要提升教师的专业素养和能力。民办高校的管理者要打破传统观念的束缚，要加大对教师的业务水平提高的支持力度，为教师在培训、进修等提供便利，为教师争取更多参加学术会议的机会，全面提升教师的综合业务素质。只有教师的水平得到了提升，教学质量才能得到提高，学生的水平才能相应地提升，才有可能与公办高校的毕业生同台竞技。其次是要提升教学科研水平。教学与研究是相辅相成的，民办高校的教师更要尊重学生在教学过程中的主体地位，采用先进的教学理念和教学手段，将自己在科研中所取得的成果运用到教学中，提高自己课堂教学的能力。教师要不断提高、不断发展、不断创新。

3. 打造生动民主的绿色课堂

跨入新世纪，社会变革日新月异，教育改革波澜壮阔，“绿色教育”应运而生。与应试教育迥然不同，“绿色教育”坚定不移地秉持“以人为本”的育人理念，遵循人才成长的客观规律，积极适应现代社会文明、进步的发展需求，努力促进学生素质的全面、和谐、自由、可持续发展。“绿色教育”，着眼于学生终生可持续发展，关注学生的发展后劲，努力为学生终生健康、持续发展奠基。“绿色教育”的最终理想，是实现“人的自我异化的积极扬弃”，“通过并且为了人而对人的本质的真正占有”，是“人的自身向社会的（即合乎人性的人的）人的复归”，“这种复归是完全的、自觉的而且保存了以往发展的全部财富”。[①] 它将努力使“个人的独创的和自由的发展不再是一句空话”，将在保证“一切社会成员有富足的和一天比一天充裕的物

①中共中央马克思恩格斯列宁斯大林著作编译局. 马克思恩格斯全集（第 42 卷）. 人民出版社，2008：120.

质生活"①的同时,保证"他们的体力和智力获得充分地自由地发展和运用"。②

绿色教育是尊重人、感染人的教育。在实施绿色教育的过程中,努力创设科学、民主、和谐的绿色课堂,让学生学会学习、乐于学习,能创造性地学习,使教学过程成为师生的一段生命历程,一种切身的体验和深刻的感悟,并将各项德育目标和任务贯穿于学科教学之中,始终坚持"以科学的方法培养人,以人文的精神塑造人,以绿色的环境熏陶人",真正实现全方位育人。

首先,打造科学课堂。一是培养学生科学精神。科学精神,是人们在长期的科学实践活动中形成的共同信念、价值标准和行为规范的总称。民办高校的课堂更加要注重培养学生的理性精神、求真精神、探索精神和创新精神,唯有如此,学生才会在纷繁复杂和竞争激烈的社会中认清自我,正确面对。二是培养学生的科学态度,科学态度是科学素养的核心。态度决定对事物的看法和判断,科学的态度方可让民办高校的学生正确面对民办与公办的区别,以实事求是的态度面对社会。三是培养学生科学方法。在科学思想的指导下讲求教学方法和学习方法,促进师生的和谐和提高教学质量。

其次,打造民主课堂。班级授课制和民办高校的大班额需要打造民主课堂。课堂中师生关系的性质直接影响到教学的效率,影响到学生生活的质量,影响到学生人格的形成和发展。1990 年联合国教科文组织颁布《世界民主教育宣言》,使教育民主成为全球教育的重要价值观。美国著名学者杜威认为,学校应该成为民主社会的雏形。民主不仅是一种政治制度,更是公民个人的一种生活方式和生活态度。创设民主课堂是推进民主社会进程的重要途径,因而显得尤为重要。人本主义心理学家罗杰斯认为,心理的自由和安全是创造活动的基础。一是努力促使师生心理相容。教师必须尊重学生的人格,信任学生的发展,要充分了解学生的心态和学习状态,耐心听取学生的意见,激发学生的自主意识和学习主动性,营造良好的心理环境和轻松愉快的课堂氛围,使学生以主人翁的姿态投入教学的双边活动中。二是努力实现师生双向互动。建构主义认为,个体只有根据自己的经验所建构的对外部的共享和协调,才能使知识理解得更加准确、丰富和全面。必须克服教师讲授、学生接受的单向教学活动,要建立起教师与学生和学生之间双向多边的交往活动。通过师生交往合作和学生之间的交流合作,共同经历学习过程、情感体验,实现情感共鸣,教学相长。三是促进学生探究创新。激发学生主动参与学习活动,根据学习活动的需要自主探究,通过自身的情感体验,了解知识的形成过程,实

①中共中央马克思恩格斯列宁斯大林著作编译局.马克思恩格斯全集(第 3 卷).人民出版社,2008:516.

②中共中央马克思恩格斯列宁斯大林著作编译局.马克思恩格斯全集(第 3 卷).人民出版社,2008:322.

现意义建构。探究和创新是民主课堂的最高境界。

最后,打造和谐课堂。和谐课堂具有井然有序,师生互相理解、真诚交流,民主平等、公平公正,宽松宽容,充满活力,关系融洽、心情愉悦等特征。和谐课堂具有感召力、凝聚力、创造力。和谐课堂对于培养全面和谐发展的人的教育目标的实现,对于教育教学质量的提高和当前教育教学存在的突出问题的解决,对于营造和谐的教育生存与发展环境具有重要的价值。一是构建和谐的师生关系。师生关系是课堂中最主要的人际关系,构建和谐的师生关系是构建和谐课堂的关键。构建和谐的师生关系,教师是主导因素。因此,教师要严格要求自己,不断提高师德水平,做学生的表率,经常与学生沟通,主动建立友好和谐的师生关系。① 二是构建和谐的生生关系。学生之间的关系是课堂中的重要人际关系,而且是更为复杂的人际关系,构建和谐的生生关系是构建和谐课堂的重要内容。三是建设良好的课堂环境。包括自然环境、物质环境、精神环境等。教育家陶行知认为,良好的教育与相当的物质环境有密切关系,后者能促进精神的教育。因此民办高校要从培养全面发展的人出发,建设良好的课堂环境。

4. 培养德智体美劳全面发展的绿色大学生

贯彻绿色发展理念,首先要培养绿色大学生。习近平总书记在十九大报告中指出:"我们要建设的现代化是人与自然和谐共生的现代化,既要创造更多物质财富和精神财富以满足人民日益增长的美好生活需要,也要提供更多优质生态产品满足人民日益增长的优美生态环境需要。"②大学生是新时代中国特色社会主义建设的主力军。大学生绿色素养水平的高低,直接影响我国生态文明建设的推进。2018 年全国教育大会在北京召开,习近平提出:"坚持中国特色社会主义教育发展道路,培养德智体美劳全面发展的社会主义建设者和接班人。"因此,民办高等教育的可持续发展就需要民办高校着力培养具有创新精神、绿色意识、辩证思维的德智体美劳全面发展的绿色大学生。

第一,培养创新精神、绿色素养、辩证思维的大学生。大学生创新精神的培养实质上是创新能力和健全人格的培养。民办高校必须坚持推崇创新、追求创新和以创新为荣的价值意识,由此最大限度地激发、释放创新激情,不断挖掘和发挥创新潜力,引导优质创新动机的产生,营造强烈的创新氛围,全面实施创新实践活动。一是要做好创新教育工作,培养大学生的创新意识和责任感;二是重视大学生的创新主体地位,促进大学生创新实践;三是加速教学改革,做好大学生创新引领工作;

---

①黄昕,姚婕,孙敬睿,谭杰. 论高校构建和谐课堂的意义和方法. 当代教育论坛,2011,(7).

②习近平. 决胜全面建成小康社会夺取新时代中国特色社会主义伟大胜利——在中国共产党第十九次全国代表大会上的报告. 人民出版社,2017:50.

四是营造创新环境，优化大学生创新平台。大学生绿色素养就是指大学生通过日常（特别是大学期间）的学习、训练和实践而习得的关于人与人、人与社会、人与自然和谐相处的绿色知识、生态伦理情怀、绿色意识和绿色行为的总和。① 民办高校更要培养学生的绿色素养，一是在全校性的公共课程中渗透绿色教育的相关内容；二是将绿色理念融入绿色校园文化建设，如布局校园绿化带、绿色长廊、绿色教室、绿色宿舍、绿色食堂和绿色宣传等；三是在学校、班级中制定热爱自然、保护环境等方面的规章制度，在价值观念、思维方式、行为方式、授课方式上坚持节约优先、坚持绿色出行等，使大学生潜移默化地受到影响。辩证思维可以让大学生全面、发展地看待世界，做一个客观的人；可以让大学生崇尚理性思考，敢于批判，做一个会分析的人；可以鼓励大学生突破陈规，做一个勇于创新的人。民办高校一是要更新教育观念，着眼于启迪大学生的辩证思维，教学目标要从知识的灌输上升为理想信念的树立、思维能力的提高和思维习惯的养成。二是要改进教学方法，把教学过程变成辩证思维的训练过程，重在运用，重在启发。三是要重视实践这一重要的教育手段，让大学生在实践中检验和升华思维成果。辩证思维是当代大学生必须具备的基本能力。高校应当充分重视培养辩证思维，把这种能力的培养贯穿于大学教学全过程，落实到大学教育的每一个具体环节，真正使辩证思维的知识内化为大学生的认知结构，有效促进其思维能力的发展。

第二，培养德智体美劳全面发展的大学生。党的十八大以来，我们围绕培养什么人、怎样培养人、为谁培养人这一根本问题，全面加强党对教育工作的领导，坚持立德树人，加强学校思想政治工作，推进教育改革，加快补齐教育短板，让教育事业中国特色更加鲜明，教育现代化加速推进，教育方面人民群众获得感明显增强，我国教育的国际影响力加快提升，13 亿多中国人民的思想道德素质和科学文化素质全面提升。

培养什么人，是教育的首要问题。在 2018 年全国教育大会上，习近平明确指出我们要培养德智体美劳全面发展的社会主义建设者和接班人。回归“五育”并举，是新时代高等教育的时代主题。劳动价值观与劳动教育观是马克思主义教育理论的重要内容。马克思认为，构成人类赖以存在的现实世界的关键要素之一正是人的劳动，而且这种劳动并不是抽象层面的劳动，而是现实生活中的人的感性物质劳动，即作为人类实践活动最基本形式的“生产劳动”。党的十八大报告指出，全社会应认真贯彻和落实“四个尊重”，即尊重劳动、尊重知识、尊重人才、尊重创造，并且尊重劳动是“四个尊重”之首。

在新时代，民办高等教育必须贯彻习近平新时代教育思想，培养德智体美劳全

---

①徐桂兰，吴霓．绿色素养大学生的新“基因”．中国教育报，2018，1（007 版）。

面发展的大学生。一是以德育为灵魂。人无德不立,业无德不兴。把立德树人作为根本任务,着力培养学生的社会公德、职业道德、家庭美德和个人品德。二是以智育为本。注重专业知识和专业能力的培养。专业知识和能力是安身立命的根本,也是服务社会、奉献社会的基本力量。民办高校要深化教学改革、狠抓教学质量,提升大学生专业水平。三是以体育为基。青年时代的毛泽东深刻地意识到必须"文明其精神,野蛮其体魄",方能刚毅有为。1957 年 11 月,毛泽东同志在苏联接见中国留学生以及其后在多个场合,都是祝愿青年"身体好、学习好、工作好",始终把"身体好"放在首位。健康的体魄是一切事业的基础,民办高校要大力开展阳光体育,注重学生体质锻炼,为服务社会打下坚实的基础。四是以美育为要。美育广泛而深入地影响着学生的情感、想象、思想、意志和性格。它能丰富学校的文化精神生活,激起学生的情绪体验,有助于培养高尚情操,提高社会主义觉悟,鼓舞学生为创造一切美好的事物而奋发向上。民办高校应着力打造美好环境、开设美育课程、培养美好心理,全面提升学生综合素质。五是以劳育为根。1958 年 9 月 8 日,毛泽东同志在最高国务会议上进一步提出,教育必须与劳动相结合,学习和劳动结合起来是一大改革。2015 年 4 月 28 日,习近平在庆祝"五一"国际劳动节暨表彰全国劳动模范和先进工作者大会上的讲话中强调:无论时代条件如何变化,我们始终都要崇尚劳动、尊重劳动者。民办高校必须强化劳动意识,培养学生工匠精神,树立劳动最光荣的思想。

四、开放发展

(一)开放与开放发展理念

"海纳百川,有容乃大。"历史告诉我们:一个强大兴盛的国家必定是一个开放的国家,任何封闭排外的国家必将走向衰弱甚至灭亡。纵观世界历史,强国盛世都出现在开放的国度。中国历史也昭示,开放出盛世,封闭必衰落。自诩为天朝上国的大清闭关锁国,带来的是落后挨打。党的十一届三中全会以来,我们党提出了对外开放的基本国策,我国实现了从封闭半封闭到全方位开放的伟大历史转折。

2016 年 1 月 18 日,习近平总书记在省部级主要领导干部学习贯彻党的十八届五中全会精神专题研讨班开班式上强调:"实践告诉我们,要发展壮大,必须主动顺应经济全球化潮流,坚持对外开放,充分运用人类社会创造的先进科学技术成果和有益管理经验。要不断探索实践,提高把握国内国际两个大局的自觉性和能力,提高对外开放质量和水平。"[①]习近平多次强调:"以开放促改革、促发展,是我国改革发展的成功实践。"开放发展理念是新时代指导民办高等教育发展的指南。

《国家中长期教育改革和发展规划纲要(2010—2020年)》指出:"健全充满活力的教育体制。进一步解放思想,更新观念,深化改革,提高高等教育开放水平。"[②]现代教育需要开放的、活跃的、科学的和有特色的办学理念,开放发展是不断提升高等教育育人质量,实现教育现代化的战略选择。[③] 开放发展教育具有如下基本特征:

第一,国际性。国际性是高等教育育人开放性的主要方面,更是一国高等教育面向世界、面向未来、面向现代化的重要体现。著名高等教育家简·奈特(Jane Knight)认为,高等教育国际化是国家在尊重自己个性的基础上应对全球化冲击的一种方式。具体体现为:高等教育育人理念的国际性、高等教育教育主客体的国际性、高等教育育人质量评价方式的国际性。

第二,包容性。包容性即具有包罗万象的能力。在育人过程中,高校实行开放发展,就必须具有海纳百川的胸襟和能力。主要包括思想包容和文化包容。大学生个性较强,素质参差不齐,也会存在思想上的困惑和矛盾,甚至行为上的偏差,这都需要高校有开放包容的胸怀,来感化和教育他们成人成才。

第三,互动性。互动,是一个动态的双向联系的过程,摒弃了单向输出或者单向输入的传统。实施"引进来"和"走出去"同时进行的双向动态模式。教育本身就是一个开放的系统,需要社会、家庭等共同合作,联合培养学生。保持高校处于与行业、与区域乃至整个社会互动的、积极的联系状态。

第四,公平性。公平,即公正,不偏不倚。高等教育的公平性主要包括高等教育机会的公平和高等教育过程的公平,真正做到"一切为了学生,为了学生的一切",学生千差万别,我们应平等对待每个学生,尽力给每个学生创造发展的平台和机会,实现每个学生的全面发展。[④]

开放发展理念,核心是解决发展内外联动问题,目标是提高对外开放质量、发展更高层次的开放型教育。开放发展理念包含主动开放、双向开放、公平开放、全面开放、共赢开放等重要思想,将全方位升级我国开放型教育。民办高等教育可持

---

①习近平.在省部级主要领导干部学习贯彻党的十八届五中全会精神专题研讨班上的讲话.人民日报,2016,5(3).

②国家中长期教育改革和发展规划纲要(2010—2020年).人民日报,2010,7(02).

③吴绵超,许蔚萍,李沛武.实施"开放发展"战略,提升高等教育育人质量.文教资料,2012,(18).

④吴绵超,许蔚萍,李沛武.实施"开放发展"战略,提升高等教育育人质量.文教资料,2012,(18).

续发展要求开放工作更好统筹内部和外部两个大局,着力解决发展的不平衡不充分问题,提质增效,服务党和国家工作大局,服务经济社会发展,服务教育综合改革,更好满足人民群众多样化、高质量教育需求。

(二)湖南民办高等教育开放发展

育人是高校的根本任务,人才培养质量是衡量高校教育质量的核心指标。当今世界是一个开放的世界,高等教育育人过程本身也具有开放性特质。湖南地处中部,只有增强开放意识。坚持开放发展理念,加快国际化步伐,以开放发展提高国际化水平,发挥后发优势,才有可能实现民办高等教育的可持续发展。开放应是全方位的开放,是包括理念、模式、途径的全视角开放。民办高等教育开放发展从内部和外部全面展开。

1. 内部开放发展

内因是事物发展的动力,外因是事物发展的条件。民办高等教育的开放发展首先要从内部开始,内因是起决定作用的,只有内部有了这种开放发展的自觉,才有外部的自发。民办高等教育内部开放发展应该从理念开放、环境开放、融资开放等方面展开。

第一,理念开放。理念具有理性高度,是管根本的。有了开放的理念,在具体的工作中才会有开放意识,才会有发散性思维面对发展中的问题。民办高等教育的理念开放,要落实在办学理念、育人理念、管理理念中。

首先,办学理念决定了可持续发展的方向。为何办学?办学为了什么?或者说办学的出发点是为了培养人才服务社会实现教育强国还是以办学为手段最大化取得“合理回报”,办学理念决定了民办高校举办者在办学过程中的各种决策。以赚钱为目的的办教育,就会在教师发展、学生发展等各方面作出限制,以获取更大的回报。这样就会恶性循环,学校难以为继,很难谈得上持续发展。

其次,育人理念决定了可持续发展的途径。育人理念决定了民办高校在日后实际办学过程中采取的举措。如果仅仅只是为了培养毕业生,就不会对教学基本条件的持续改善,不管教学质量,也不管学生质量,推出学校就算完事,这类民办高校往往把重点放在招生上,依靠学生数量维持办学和赚取利益。民办高校必须坚持开放育人理念,不断深化对提升高等教育发展规律、教学规律和大学生成人成才规律的认识,牢固树立“以生为本”的办学理念,把大学生的全面发展和适应社会需要作为衡量育人水平的根本标准。应确立“全员育人、全方位育人、全过程育人”的“三全育人”理念,

再次,管理理念决定了可持续发展的模式。管理即服务,管理即效益。只有管理开放,民办高校才会改变家族式管理的陈旧模式。因对“外来人”的不放心和

"肥水不流外人田"的陈腐思想的影响,家族式管理是当下民办高校管理中的一个普遍存在的现象。这种管理方式严重阻碍了民办高校的发展。教育是公益性事业,不是家族企业,但在不少民办高校举办者心中,学校就是他办的一个企业,对人不对事的现象比比皆是。蔡元培的"兼容并包"造就了北大开放精神,才使得北大人才汇聚。只有在管理理念上开放,才会摒弃这种阻碍学校发展的制度,以开放包容的精神吸纳人才,学习先进管理经验,才能促进民办高等教育的持续发展。

第二,环境开放。营造开放的育人环境,是提升高等教育育人质量的保障。环境是大学育人的软实力。要提升高校育人质量,必须创造有利于人才成长的环境。充分发挥自身的特色优势,构建"教学育人、管理育人、服务育人、环境育人"四位一体的育人机制,以特色育人才,以特色提质量,以特色谋发展。

首先,营造愉快和谐的课堂环境。课堂上要采用先进的教学方法,注重学生参与,合理安排教学结构,激发学生"以学为乐"的积极情感,培养学生发现问题、分析问题、解决问题的能力。在考试方法上改变传统的考试方法,注重学生能力的培养。

其次,创设丰富多彩的活动环境。应组织学生开展各种社会实践活动,锻炼其吃苦耐劳的精神,举办适合学生特点的专题讲座;加强学生自治、自理教育,强化学生自尊、自爱、自强、自力的意识;结合课程体系,开展丰富多彩的文体活动,创设具有特色的校园文化,培养学生的兴趣、爱好和特长。

再次,营造优化美化的校园环境。重点抓好校风、教风、学风的建设和办公室、教室、宿舍、食堂的建设,让学校的每个角落都成为学校文明的窗口和育人的阵地,创设一个有利于师生自我完善的校园文化氛围。

最后,构建融洽和谐的人际环境。抓好领导班子建设,完善职工代表大会制度,在教师与学生间建立平等、信任、互相尊重的关系,解决好"乐教"和"乐学"的问题。

第三,融资开放。资金是民办高等教育持续发展的一个重要内容。建立适用于民办高校发展的多元化融资模式,为其发展拓宽融资渠道,储备必要的发展资金,实现组织的财务健康,是民办高等教育可持续发展过程中亟待解决的重要问题。民办高等教育的举办者要抛弃固有思维,构建多元开放的融资渠道,促进民办高等教育健康持续发展。

首先,信托融资。信托融资通过信托方式进行资金融通。民办高校可考虑借助信托公司,以学校工会的名义在高校内部发行单一信托计划。由于该信托计划融资期限可依据校方需求进行设置,因此可以作为解决学院建设资金缺口的一种融资方式。该方式不仅可满足学校对建设资金的需求,还为校内教职工提供了一种合法、收益可观的理财产品,实现教职工与学校的共赢。

其次,BOT融资。BOT是英文“Build-Operate-Transfer”的缩写,其含义是指建设—经营—移交的过程,是项目融资的一种方式。在民办高校学生公寓建设投资中可采用BOT模式,其基本思路为:由高校为公寓建设和经营提供一种特许协议作为该项目融资的基础,向企业进行融资并将公寓经营权暂时让渡给该企业。该企业在公寓建好后一段时间内进行自主经营并获取必要的投资回报,在协议期满后将学生公寓转让给高校。BOT方式可以有效杜绝学院项目建设过程中不断盲目追加预算的现象,防止施工过程中监控不力,避免建设质量出现瑕疵。①

再次,服务融资。在国外,美国、日本等私立高校服务创收能力较强,一方面通过经营餐厅、酒店、医院等途径增加校办产业收入;另一方面,通过销售服务、兴办产业,为企业、社会团体提供有偿服务获得部分收入。国外私立高校的市场经营意识强,采取多种途径创收,增加经费投入。在我国,民办高校可充分发挥自身优势,灵活运用学校的人才智力因素开展对外服务,科研院所应加强先进科技创新成果转化,取得相应的经济和社会效益;医学院校可利用先进的医疗设备和人力资源,开展服务地方医疗事业的诊疗服务等。②

再其次,基金融资。教育基金是社会投资基金的一种,是属于利益共享、风险共担的一种集合性质的投资方式,通过向社会各个企业和行业募集资金,作为基金经营者运作的基础,以其资本和利息作为资助,实现资金的保值增值,也能够为高校的发展提供较为长期的资金保障。教育基金可以来自商业银行作为民办高校基金的管理机构,也可以是资助该基金的社会团体或者社会企业作为管理机构。通过鼓励企业关注公益事业,鼓励社会行业和家庭参与民办学校建设,营造良好的捐助和管理环节,最大限度地吸收社会和个人的捐助。③

最后,政府融资。教育是公益性事业,不可忽略湖南民办高等教育的可持续发展为湖南的经济社会发展作出的贡献,民办高等教育为教育强省培养人才,贡献力量,政府必须改变观念,开放思想,根据湖南经济社会发展的实际情况给予一定的政府拨款,促进民办高等教育持续发展。

2. 外部开放发展

外部开放发展是民办高等教育开放发展的重要内容,也是开放发展的一个重要实现途径。外部开放发展更能扩大影响力,助推民办高等教育可持续发展。外部开放发展主要在国际化、网络化、多元化上着力。

---

①李广凯. 构建民办高校多元化融资模式设想与建议. 高校财务,2017,(22).

②杨冬华. 民办高校的投融资现状与改革取向. 黑龙江科学,2018,(17).

③李爱娥. 基于可持续发展视角的民办高校融资模式创新和探索. 现代商贸工业,2017,(19).

第一,国际化。当今世界已经是一个信息一体化、经济全球化的复合体。《中共中央关于制定国民经济和社会发展第十三个五年规划的建议》提出:用开放发展理念推动教育开放和教育国际化。民办高等教育必须紧抓机遇,努力创设外部开放环境,实施国际开放发展战略,在中外合作办学、双向留学、中外人文交流上实现突破。

首先,积极推进中外合作办学项目。通过合作实现双赢,从而助推民办高等教育可持续发展。国际间的合作办学,已成为国际教育交流的重要特征,并推动高等教育国际化。我们要积极利用国外优质高等教育资源,学习借鉴先进的教育

理念、人才培养模式和管理经验等,加强与同类高水平学校合作办学。[①] 中外合作办学通过引进先进的课程、师资和教材等,不断深化教学内容与课程改革,使课程体系体现国际化的内容和观点,项目学生既可以享受学校的良好教育资源,又可从引进的国外优质教育中受益。同时也极大促进了国际间的学术交流、教师交流以及学生交流,培养具有国际意识和国际视野的高级人才,成为促进高等教育国际化的一种重要形式,也是民办高等教育发展的一个新的增长点。

其次,努力推进中外双向留学。民办高校不仅要通过提高教学质量吸引国内考生,更要有国际眼光,通过开设国际学院招收国外留学生。不仅要培养学生的开放意识和世界视野,更要加强与国外学校的合作,培养更多的学生到国外留学。从湖南来看,长沙医学院已经在留学方面的教育走在了前列,并取得了不错的成绩。学校建有国际教育学院,建有两栋留学生大楼,截至 2018 年上半年,有来自美国、加拿大、巴基斯坦、尼泊尔、印度尼西亚、印度等 24 个不同国家留学生 700 余人,同时学校成功加入了"印度医学委员会(MCI)"名录、"外国医学毕业生教育委员会(ECFMG)"国际组织。学校规划到十三五末期来校留学生将达到 1000 人。另外,学校也加大了对外留学的宣传力度,每年出国留学的学生均维持在 50 人以上。此外,湖南外国语职业学院、湖南三一工业职业技术学院在中外双向留学方面都取得了较好的成绩。以上事实说明,并不是民办高校不能举办留学生教育,而是举办者缺乏这种开放意识和国际视野。

再次,促进中外人文交流。2017 年 7 月,中共中央办公厅国务院办公厅印发《关于加强和改进中外人文交流工作的若干意见》,《意见》指出,中外人文交流是党和国家对外工作的重要组成部分,是夯实中外关系社会民意基础、提高我国对外开放水平的重要途径。人文交流历来是推动世界发展的重要力量,越来越成为国家软实力的重要支柱。民办高等教育在中外人文交流方面大有作为,特别是具有厚重历史文化传统的湖南,更应该抓住国家助推中外文化交流的形势,加强对外交

①党剑.新时代高等教育国际化发展路径初探.中国成人教育,2018,(15).

流,特别是“一带一路”沿线国家的交流。通过中外人文交流,不仅可以开阔眼界,更可以学习各国先进经验,在吸引留学生和出国留学都可能开发许多新的资源,同时可以通过交流提高学校的声誉,提高学校的开放水平和国际化水平,促进可持续发展。

第二,信息化。信息网络化的互联网时代是现代社会的显著特征。2012 年教育部印发《教育信息化十年发展规划(2011—2020 年)》,提出:重点推进信息技术与高等教育的深度融合,促进教育内容、教学手段和方法现代化,创新人才培养、科研组织和社会服务模式,推动文化传承创新,促进高等教育质量全面提高。习近平主席在致首届国际教育信息化大会的贺信中也提到了“积极推动信息技术与教育融合创新发展”。2016 年 6 月,教育部发布《关于印发〈教育信息化“十三五”规划〉的通知》,提出要牢固树立和贯彻落实创新、协调、绿色、开放、共享的发展理念,以“构建网络化、数字化、个性化、终身化的教育体系,建设‘人人皆学、处处能学、时时可学’的学习型社会,提升教育治理体系和治理能力现代化水平,形成与教育现代化发展目标相适应的教育信息化体系,充分发挥信息技术对教育的革命性影响作用。”

首先,课程模式的信息化。传统课程模式是内部私有的、非公开的,只能被本校师生分享。随着 MOOC 的快速发展,精英大学垄断优质课程的局面被彻底打破。课程将会率先突破大学校园的围墙,实现跨校之间的共建共享。民办高校必须加快对课程和专业的数字化改造,建设优质信息化教育教学资源,积极探索校外选课,鼓励区域内高校联合开课,推进师资、课程的共享与学分互认。可以说,谁在信息化中落后,谁就将落后于时代,最终被淘汰。

其次,学习方式的信息化。“互联网+”带来的是信息的便捷,学习方式的转变。即时性、碎片化已经成为现代大学生学习的一个特征。通过网络学习的选择性已经大大高于课堂教学模式。伴随着手机客户端等移动端的勃兴,民办高等学校必须实现以知识传授为主向以能力素质培养为主的教学方式转变,广泛开展线上线下相结合的混合式学习,鼓励学生利用网络开展自主学习和合作学习,提高学生在教学活动的参与度,让学生真正成为课堂的主角。①

再次,组织管理的信息化。任何变革都离不开组织管理的调整和改进。突破校园的围墙来思考高校发展,整合校园内外的优质资源,让“最擅长的人做最擅长的事”,不断优化高校管理服务水平,从而实现真正意义上的开放办学。同时,加强基础数据的联通共享,借助大数据技术对日常运行数据进行分析,发现隐藏在数据

①尚俊杰,曹培杰.“互联网+”与高等教育变革——我国高等教育信息化发展战略初探.北京大学教育评论,2017,(1).

背后的规律,提供更加精准的管理服务。

第三,多元化。多元化是现代社会的最重要特征之一,也是科学、社会、经济等发展的关键性推动力量。在高等教育领域倡导内涵式发展模式,成为高等教育发展新趋势的形势下,构建多元化的民办高等教育或许是可持续发展的另一条道路。民办高等教育多元化发展可以向职业培训、老年大学、社区大学扩展。

首先,职业培训。根据民办高校的专业方向,充分发挥专业优势和师资优势,通过创新渠道,得到政府的同意和支持,开展面向基层的各种职业培训,包括乡村医生、农村电商人才、乡村振兴人才等。这种培训由政府引导、地方出资、高校培养,既节约了资金,又培养了人才,又扩大了高校的生源,最重要的是做到了人尽其才,直接实现了教育服务社会的功能。如湖北的订单式免费村医就是很好的借鉴。[①] 乡村振兴战略需要大量的人才,在这个方面民办高校大有可为。

其次,老年大学。中国人口的老龄化只会越来越严重,养老将成为中国的一个社会化问题。随着小康社会的全面建成,富强民主文明和谐美丽的社会主义现代化强国的建设不断推进,人民对美好生活的向往将会日益强烈,老年人的生活质量将逐渐提高。如何让中国的老人物质满足基本上已不是问题,如何让老年人精神富足,则是整个社会都要考虑的问题。因此,民办高校打破常规,创办老年大学,未尝不是一个新的发展方向。据估测,预计到2040年,65岁及以上老年人口占总人口的比例将超过20%。同时,老年人口高龄化趋势日益明显:80岁及以上高龄老人正以每年5%的速度增加,到2040年将增加到7400多万人。[②] 这个数字是惊人的,其中蕴含的市场也是巨大的,并且老年大学将是持久的。

再次,社区大学。随着城镇化的最终完成,城市社区功能的逐渐完善,社区文化的需求增大,社区大学将会逐渐得到发展。以美国为例,社区大学在满足社会需求和促进社区文化水平提升等方面均发挥了较大作用,开放的姿态,不断地调整和逐渐积累使美国的社区大学持续发展,并且充满活力。随着中国经济的不断发展,工业化水平的不断提升,社区大学必将有它的市场。民办高校可以在社区大学上率先发力,增进高校与社区的互动,促进社区与民办高等教育共同发展。

---

①湖北宜昌订单式免费培养1400名大学生村医,一村一个,http://www.ganews.tv/kx/2017-04/17/cms13736article.shtml

②2018年中国人口老龄化现状分析及未来发展趋势预测,http://www.chyxx.com/industry/201801/605554.html

五、共享发展

(一)共享与共享发展理念

在现代价值哲学的理论视域内,作为思想史和社会史普遍使用的一个话语范式,“共享是一个表示社会的财富分配和人际关系团结与和谐程度的概念”,其所表达的,是人类社会的理想价值追求。① 习近平反复强调:“我们的人民热爱生活,期盼有更好的教育……孩子们能成长得更好、工作得更好、生活得更好。必须坚持发展为了人民,发展依靠人民,发展成果由人民共享,使全体人民在共建共享发展中有更多获得感。”

共享发展是为人民服务宗旨的集中体现,是全面建成小康的必然要求。更是推动持续发展的不竭动力。用共享发展理念指导发展实践,必须全面深入理解共享发展。

第一,共享是全民共享。“安得万里裘,盖裹周四垠;稳暖皆如我,天下无穷人。”全民共享是讲发展成果要覆盖全民。习近平指出:“共享发展是人人享有、各得其所,不是少数人共享、一部分人共享。”就是要让人民群众有更多获得感。民办高等教育虽是民办,但它是公益性事业,必须坚持全民共享理念。民办高等教育共享发展就是要让民办高校的教师、学生有更多的获得感,民办高校的发展成果,不仅是学校举办者享有,更要从体制机制上让学生、教职工、社会共享。

第二,共享是全面共享。“千钧将一羽,轻重在平衡。”保障人民平等参与、平等发展的权利。要让人民有更多的获得感,保障人人共享发展成果,人人都有人生出彩机会。创造更加公平正义的社会环境,不断克服各种有违公平正义的现象,要使改革发展成果更多更公平惠及全体人民。通过文化、教育制度的建设,实现文化、教育服务均衡,提升国民素质,提高社会文明程度,让人民在文化领域实现共享。民办高等教育举办者要主动将自己的成果共享。

第三,共享是共建共享。“享天下之利者,任天下之患;居天下之乐者,同天下之忧。”共建共享是共享实现的途径。“春种一粒粟,秋收万颗子。”天下没有免费的午餐,没有共建就没有共享。“共建”是“共享”的基础和前提,“共享”是“共建”的目的和方向。坚持共享发展,既追求人人享有,也要求人人参与、人人尽力,人人都为国家发展、民族振兴和个人幸福贡献自己的力量。营造人人参与、人人尽力、

①袁祖社.“共享发展”的理念、实践与人类命运共同体的价值建构.南京社会科学,2017,(12).

人人享有的良好环境,以共享引领共建、以共建推动共享,厚植发展优势,凝聚发展合力,提升发展境界。民办高等教育的建设各方,均可享受发展成果。民办高校本身、管理者、教职工、学生等在共同建设的过程中提高自己,有更多的获得感。

第四,共享是渐进共享。“合抱之木,生于毫末;九层之台,起于累土;千里之行,始于足下。”坚持渐进共享,要做到既积极而为又量力而行。正确处理当前和长远的关系,既尽力解决当前必须解决和能够解决的民生问题,又充分考虑各方面的条件和可承受能力,久久为功,积小胜为大胜,不断提升人民群众的获得感。通过共享发展实现民办高等教育的可持续发展,使民办高等教育的发展呈现动态渐进态势,在渐进式发展中不断共享发展成果。

(二)湖南民办高等教育共享发展

习近平提出的“五大发展理念”,把共享作为发展的出发点和落脚点,指明发展价值取向,把握科学发展规律,顺应时代发展潮流,是充分体现社会主义本质和共产党宗旨、科学谋划人民福祉和国家长治久安的重要发展理念。以共享发展为内容的“五大发展”理念是指导湖南民办高等教育可持续发展的指南。

萧伯纳说过:“你有一个苹果,我有一个苹果,我们彼此交换,每人还是一个苹果;你有一种思想,我有一种思想,我们彼此交换,每人可拥有两种思想。”

由中国倡导的“一带一路”之所以一经提出就能获得国际社会的欢迎和广泛支持,其奥秘就在于我们的“一带一路”始终把共商、共建、共享作为主旋律,注重和其他国家发展战略实现对接,追求互利共赢,考虑沿线国家的利益。湖南民办高等教育要获得持续发展,必须摒弃既有的单打独斗的发展模式,要有战略眼光,推进共享发展。

1. 资源共享

所谓资源指的是一切可被人类开发和利用的物质、能量和信息的总称,它广泛地存在于自然界和人类社会中,是一种自然存在物或能够给人类带来财富的财富。或者说,资源就是指自然界和人类社会中一种可以用以创造物质财富和精神财富的具有一定量的积累的客观存在形态。马克思在《资本论》中说:“劳动和土地,是财富两个原始的形成要素。”恩格斯的定义是:“其实,劳动和自然界在一起它才是一切财富的源泉,自然界为劳动提供材料,劳动把材料转变为财富。”[①]马克思、恩格斯的定义,既指出了自然资源的客观存在,又把人(包括劳动力和技术)的因素视为财富的另一不可或缺的来源。

共享理念的冲击与渗透,同样如风暴一样震撼了整个教育界。对于民办高等

---

①马克思恩格斯选集(第6卷).人民出版社,1995:373.

教育而言,共享教育资源是指充分协调和发挥各个单位、各个部门的作用,在高校内部和各个高校之间,共同使用教育资源,以达到“物尽其用”,同时也提高了办学效率和办学质量。各民办高校在“互商、共建、共享”的原则支配下,选择合适的共享模式,以充分调动各个高校参与共享的积极性。特别是专业相同或相近而办学层次不同的高校,更应该抛弃传统的“零和博弈”思维。无论基于国际视野,抑或立足国家和学校层面,教育资源共享都是大势所趋。放眼国际,越来越多的国家开始实施教育学分互认、教育资源共享和证书的相互认可。MOOC 的广泛被认同即是明证。立足国内,教育资源共享体现社会发展对人才的需求。高等教育大众化时代的到来,使得原本就不宽裕的高等教育资源立时显得“捉襟见肘”,实现高等教育有限资源的共享既十分必要也非常迫切。从高校实际来看,资源共享是高校强化自身优势,走内涵式发展之需。民办高校教育资源短缺的存在是不争的事实。实施教育资源共享,注重质量、结构、效益的协调发展,是各个高校由外延式发展转变为内涵式发展的必由之路。①

第一,树立资源共享观念,增强共享的主动性。从湖南民办高等教育的实际来看,区域集中性明显。从高校数来看,长沙就占 14 所,占比 45%;株洲 1 所,湘潭 5 所,长株潭地区共计 20 所,占湖南民办高校总数的 64.5%。集中区域优势,实现资源共享,打造民教中心,发挥辐射作用未尝不是一种持续发展的选择。国家中心城市的建设、长株潭“两型”社会示范建设、湖南公办高校职教城建设都为民办高等教育的集团化发展提供了启迪。选择长株潭三地中心地带,建设湖南民办教育城,实现资源共享,带动周边经济发展,或许是民办高等教育的一个新的增长点,也为湖南民办高等教育可持续发展提供一个新的理念。民办高等教育管理者、举办者需要树立全局意识,共同破解高等教育资源共享过程中所出现的新问题,勇于突破那种自我封闭、自我发展的旧格局,走出一条开放办学、互通有无、资源共享的新道路,在共享的过程中,相互合作,扬长补短,发挥整体优势,进而提高办学质量和教育教学水平。

第二,创新资源共享方式,构建网络共享平台。当前,我国的高等教育正在走向全面的信息化,包括教育在线、网络教学平台等业务系统不断涌现、升级。实行区域高校优质教育资源的共享,可有效盘活区域内高校的师资资源、设备资源、场所资源、文献资源,充分发挥其使用效率和投资效益,最大限度地解决区域高校资源配置不均衡等问题。如建立“教师信息库”,互聘教师;互认学分,实行联合学分制;创新管理机制,互用实验室,互借图书,互享高水平学术讲座,统筹建设综合技能培养实训基地,构建相互衔接、沟通顺畅的信息交流平台等等。

①张成恩.共享经济视域下的高等教育发展研究.中州学刊,2017,(6).

第三,建立健全共享机制,完善相关配套政策。建立相关完善的教育政策,推行一套完整、科学的共享机制,可以调动一切积极因素,打破各式各样的束缚与限制,提高高校参与共享的积极性。民办高校之间要建立并实行统一、强有力的领导会商机制,不定期召开联席会议,解决出现的问题,协调各方关系;遵循市场运行规律,建立合理的经济核算及成本贴补机制、利益平衡机制。

第四,成立专门组织,组建专业团队。借鉴各省商会的运作模式,在湖南省教育厅民办教育处的指导下,成立湖南民办高等教育共享建设委员会,这个委员会要是专门的常设机构,要区别于既往的民办教育协会,委员会要专门负责教育资源共享的协调与运作。这个委员会同时要广揽人才,用优厚政策吸纳具有专业运作能力的人加入以提高效率。

2. 模式共享

模式是解决某一类问题的方法论。简单地说,就是从不断重复出现的事件中发现和抽象出的规律,是解决问题形成经验的高度归纳总结。只要是一再重复出现的事物,就可能存在某种模式。模式具有可复制性和共享性。从商业领域来看,有晋商模式、徽商模式、粤商模式;从民办高等教育领域来看,有陕西模式、广东模式、浙江模式。各种模式有其特点,有其成功之道,当然有其借鉴之处。湖南民办高等教育的可持续发展,应该学习借鉴商业和教育领域的成功经验,大胆尝试、教育联盟、校企合作,实现弯道超车。

第一,教育联盟。正如企业发展到一定阶段之后,有必要通过联盟方式进行价值链合作,以凸显品牌经营和核心竞争力,获取更多的效用价值一样,大学作为从事知识创造、传授、存续、延绵的类似组织,其发展到一定阶段也同样地会产生各种联盟方式。[①] 无论过去还是现在,大学之间的关系绝非单纯的孰优孰劣的竞争,也有双赢或多赢的联手合作,这已经为国内外的高等教育实践所证明。从国际上看,有美国的常春藤联盟、英国的罗素大学集团,欧洲的科技型大学联盟,澳大利亚的八校联盟等。从国内来看,以清华为首的“华约”和以北大为首的“北约”以及“E8联盟”逐渐受到青睐,效果也不断凸显。大学联盟既可以优化配置大学资源,避免大学之间对有限资源的过度竞争,又能够创造一种开放和相互激励的氛围,融合各大学的核心能力,形成聚合效应,从而提高联盟所有大学的整体实力。在教育联盟方面,公办高等教育可谓风生水起。2011 年 5 月,江苏试点组建区域高校联盟,6 月,“重庆市大学联盟”也正式成立,8 月,福州地区大学新校区 8 所高校成立教育联盟,同月上海 9 所市属地方高校签署合作协议。2012 年 5 月,由西北师范大学牵头,8 所师范院校组建“甘肃高校教师教育联盟”,尝试突破大学围墙,试水组团发

①于洪良,孔爽.大学联盟发展:构建高等教育优质资源的共享体系.理论学习,2012,(8).

展，共同推动教师教育和基础教育可持续发展。不难看出，教育联盟已经成为一种趋势，民办高校若不再摒弃“窝里斗”的陈腐观念，必将阻碍自身的发展。只有适应时代发展的潮流，走教育联盟的新路，才有可能走出一条持续发展的康庄大道。

第二，校企合作。校企合作，是学校与企业建立的一种合作模式，是大中专院校等职业教育院校为谋求自身发展，抓好教育质量，而采取与企业合作的方式，是一种注重培养质量，注重在校学习与企业实践，注重学校与企业资源、信息共享的“双赢”模式。校企合作实现了应社会所需，与市场接轨，与企业合作，实践与理论相结合的全新理念；其不仅提高了教育培养人才的力度，也有利于企业的发展壮大，实现了高校与企业的“双赢”。纵观世界高等教育发展历程，校企合作办学在高等教育中发挥重要的作用，是当前发达国家高等教育的成功经验，在人才培养方面能够发挥优势互补的作用。2017 年 10 月 18 日，习近平同志在十九大报告中指出，优先发展教育事业。完善职业教育和培训体系，深化产教融合、校企合作。一是与企业共建各种形式的订单班。订单班直接为企业服务，企业担负一定的培训资金，学生毕业后直接进企业。这种合作模式将会促进企业与高校的合作共赢，并可持续化。长沙医学院药学院的“赛德盛班”、湖南外国语学院的“国际海乘班”“赴德就业班”，湖南三一工业职业技术学院的“双元制”订单班都取得了非常好的效果。二是校企共建实践实训基地。有效的利用社会资源，通过校企合作共同创建生产实习基地，能够适应市场变化，培养出符合市场需求的既有深厚的理论功底，又有实际操作能力的新时代的大学生。三是校企共建终身学习平台。民办高校与企业之间要保持良好的沟通和联系，建立密切的合作关系。整合教育资源，打造多元化体制，打造终身教育平台。要吸引民营企业参与到校企合作中来，形成多元化格局，实现企业与学校的长期共存。

第三，校地共建。在公办高等教育领域，除“211”“985”“双一流”外，另一项较有特色的是“省部共建”。“省部共建”拓展了发展经费和资源，从战略上最大程度破解地方高校发展受限的不利局面，提升自身水平。公办高校的“省部共建”最重要的内容就是资金，民办高等教育在现行条件下获取较大政府资金资助很不现实，但并不是说完全不可能。其最大的羁绊是思想的不解放，同属公益性事业，都是为国家培养人才，民办高等教育与公办高等教育本质上是一致的，只要解放思想，适当财政资助是必要的，广东省每年 3 亿的资助政策通过事实证明是正确的、可行的。当然这里所讲的校地共建获取地方政府的财政资助只是一个方面，主要的是通过地方政府为民办高等教育建设好的软环境，包括融资、土地、税收、周边关系等。客观地说，一所高校为所在地的经济社会发展带来很大的促进作用，当地政府也有义务促进高校与当地企业、社区等部门沟通，为学校的持续发展提供外部环境。

3. 成果共享

民办高等教育的可持续发展必须贯彻“以人民为中心”的发展思想,坚持“五大发展”理念,始终做到发展为了人民、发展依靠人民、发展成果由人民共享。习近平反复强调:广大人民群众共享改革发展成果,是社会主义的本质要求,是中国特色社会主义的本质要求。“改革发展搞得成功不成功,最终的判断标准是人民是不是共同享受到了改革发展成果”。①

第一,学校、教师、学生共享发展成果。共享发展的目标就是通过全体人民的共同努力,使发展成果惠及每个个体,每个人平等地享有发展进步的机会,减少因外部环境带来的个人发展机会的不平等,使人人真正站在同一起跑线上。民办高等教育的可持续发展与学校、教师、学生的发展具有内在的统一性。学校发展了,教师和学生不发展,这种发展不具有可持续性;同样,只有教师和学生的发展,没有学校的发展更是不现实的。因此,民办高校的举办者要理性、综合平衡学校发展与教师、学生发展的关系。在取得“合理回报”后让发展成果被教师和学生所共享。提升教师的地位,拉小与公办高校教师的差距,让民办高校的教师增加获得感,感受到学校发展与自我的而发展是离不开的,从而从内心上为学校发展出谋划策、贡献力量。学校要尽最大努力改善条件,为学生创造更好的环境,提升教学质量,让学生更有竞争力,让学生认同学校的发展就是自己的发展,树立今天我以学校为荣,明天学校以我为荣的信念。努力造就学校、教师、学生心往一处想劲往一处使的局面,实现学校、教师、学生的共同发展。

第二,社会共享发展成果。教育发展是社会发展的一个重要组成部分,是教育强省的重要支撑,为建设幸福美丽新湖南提供智力支持。从全省来说,民办高等教育发展了,家长和考生就有了更多更好的选择,能更好地满足人们对美好教育的需要。民办高等教育发展了,就为社会提供了更多更优秀的人才,为社会贡献更多的力量,促进更多家庭的幸福。民办高等教育持续发展,也就为社会提供了更多就业岗位,同时为当地经济发展提供重要支持。一个学校会带动一片,甚至带动一个产业。因此,民办高等教育的发展更需要共享发展成果,以发展成果的共享带动各方面的发展,进而反哺民办高等教育,以促进民办高等教育更好地发展。

①习近平. 在中共中央召开的党外人士座谈会上的讲话. 人民日报,2015,10(02).

参考文献

一、著作部分

1. 马克思,恩格斯. 马克思恩格斯选集(第二卷)[M]. 北京:人民出版社,1995.

2. 马克思,恩格斯. 马克思恩格斯全集(第19卷)[M]. 北京:人民出版社,1971.

3. 马克思,恩格斯. 马克思恩格斯选集(第四卷)[M]. 北京:人民出版社,1995.

4. 中共中央马克思恩格斯列宁斯大林著作编译局. 马克思恩格斯恩全集(第42卷)[M]. 北京:人民出版社,2008.

5. 中共中央马克思恩格斯列宁斯大林著作编译局. 马克思恩格斯恩全集(第3卷)[M]. 北京:人民出版社,2008.

6. 江泽民. 江泽民文选(第二卷)[M]. 北京:人民出版社,2006.

7. 习近平. 决胜全面建成小康社会夺取新时代中国特色社会主义伟大胜利——在中国共产党第十九次全国代表大会上的报告[M]. 北京:人民出版社,2017.

8. 顾建民. 中国民办高等教育发展战略研究[M]. 杭州:浙江大学出版社,2004.

9. 陶西平,王佐书. 中国民办教育[M]. 北京:教育科学出版社,2010.

10. 徐绪卿. 新时期中国民办高等教育理论研究[M]. 杭州:浙江大学出版社,2010.

11. 王昆来. 民办高等教育管理研究[M]. 成都:西南财政大学出版社,2012.

12. 曾小军. 民办高等教育政府干预研究[M]. 北京:中国社会科学出版社,2014.

13. 毕振力. 民办高等教育财政资助——现状、障碍与突破[M]. 北京:经济科学出版社,2015.

14. 方芳,钟秉林. 我国民办高等教育财政支持制度研究[M]. 北京:北京师范大学出版社,2016.

15. 潘留仙. 民办高等教育的治理创新与风险防范[M]. 长沙:中南大学出版社,2018.

16. 国家教委情报室. 日本教育法规选编[M]. 北京:教育科学出版社,1987.

17. 教育部发展规划司. 2002 年中国民办教育绿皮书[M]. 上海教育山版社,2003.

18. 吴式颖. 马卡连柯教育文集(上卷)[M]. 北京:人民教育出版社,1985.

19. 叶平. 道法自然. 生态智慧与理念[M]. 北京:中国环境科学出版社,2001.

20. 陈磊. 民办高等教育研究[M]. 武汉:武汉理工大学出版社,2008.

21. 夏季亭. 民办高等教育的发展与创新[M]. 济南:山东大学出版社,2011.

22. 肖俊杰. 民办高等教育财政研究[M]. 上海:上海交通大学出版社,2010.

23. 赵军. 民办高等教育制度变迁中的政府行为研究[M]. 青岛:中国海洋大学出版社,2014.

24. 王孝武. 民办高等教育理论与实践[M]. 合肥:安徽大学出版社,2008.

25. 梁忠环. 民办高等教育教学质量保障研究[M]. 青岛:中国海洋大学出版社,2012.

26. 柯卫,刘铁. 我国民办高等教育的规范化管理研究[M]. 北京:法律出版社,2010.

27. 姜华. 中国民办高等教育组织变迁研究——组织社会学的视角[M]. 北京:科学出版社,2011.

28. 徐绪卿. 新时期中国民办高等教育发展研究[M]. 杭州:浙江工业大学出版社,2005.

二、论文部分

1. 夏天阳. 国外私立高等教育的若干经验及启示[J]. 煤炭高等教育,1992(4).

2. 魏贻通. 国外私立高等教育的模式与作用研究[J]. 厦门大学学报,1995(1).

3. 朱毅蓉. 国外民办高等教育的成功经验及启示[J]. 发展研究,2004(11).

4. 赵红亚. 试论国外私立高等教育的发展趋势[J]. 北京科技大学学报,2007(3).

5. 李纪明,王陆庆. 国外高校治理模式比较及对我国民办高校的启示[J]. 高等工程教育研究,2010(12).

6. 蒋惠玲,陈雪峰. 全球私立高等教育发展初探[J]. 湖北函授大学学报,2015(18).

7. 张桂香. 联邦德国的私立高等教育[J]. 辽宁高等教育研究,1996(4).

8. 员文杰. 巴西私立高等教育的发展与启示[J]. 教育教学研究,2014(6).

9. 张继明. 印度私立高等教育经费政策的特征与启示[J]. 教育与考试,2015

(6).

10. 祝怀新. 泰国政府在私立高等教育发展中国的角色探析[J]. 浙江树人大学学报,2016(6).

11. 阮春面. 越南现代私立高等教育事业发展的宏观分析[D]. 西南大学,2016.

12. 王诺斯. 美国私立高等教育分类管理的经验与启示[J]. 教育科学,2016(2).

13. 付海明. 泰国私立高等教育的国际化进程——以暹罗大学为例[J]. 教育现代化,2017(10).

14. 樊继轩. 日本私立高等教育内涵式发展战略及启示[J]. 中国成人教育,2018(4).

15. 张继明,张丽丽. 近代以来印度私立高等教育发展历程及启示[J]. 贵州师范大学学报,2018(1).

16. 沈晓慧. 国外私立高等教育的制度安排与可持续发展研究——以美国和日本为例[J]. 浙江树人大学学报,2010(5).

17. 孔青,刘志兵. 中美私立高等教育政策的比较研究与启示[J]. 浙江树人大学学报,2015(18).

18. 蒋欣吟. 国外私立教育融资经验对我国民办教育的启示和借鉴——以美、日私立高等教育为例[J]. 湖北函授大学学报,2014(16).

19. 王磊,王一涛. 国外私立高校的发展类型及对我国民办高等教育的启示[J]. 浙江树人大学学报,2018(2).

20. 潘懋元. 民办高等教育持续发展问题[J]. 浙江树人大学学报,2006(6).

21. 张剑波. 制度创新:民办高等教育可持续发展的灵魂[J].《湘潭大学学报,2005(1).

22. 潘懋元,林莉. 2020:中国民办高等教育的前瞻[J]. 民办教育研究,2005(4).

23. 徐绪卿. 规范和支持并举促进民办高等教育健康可持续发展[J]. 现代教育科学,2007(4).

24. 鞠光宇. 民办高等教育可持续发展战略分析[J]. 国家教育行政学院学报,2010(7).

25. 陈金秀. 论中国民办高等教育可持续发展的教育策略[J]. 中国成人教育,2012(2).

26. 徐绪卿. 关于民办高校分类管理的思考[J]. 教育发展研究,2011(6).

27. 陶西平. 民办教育的可持续发展面临的挑战[N]. 人民政协报,2011(02).

28. 王佐书. 论中国民办高等教育国际化发展战略[J]. 浙江树人大学学报,2011(5).

29. 黄芬. 以制度创新推动民办高等教育可持续发展[J]. 黄河科技大学学报,2013(5).

30. 徐绪卿. 治理背景下我国民办高等教育管理转型[J]. 中国高教研究,2014(8).

31. 李维民. 陕西民办高等教育可持续发展研究[J]. 民办教育研究,2003(2).

32. 鱼小辉. 陕西民办高等教育的可持续发展之道[J]. 陕西师范大学继续教育学报,2005(11).

33. 张景振. 辽宁民办高等教育可持续发展战略研究[D]. 东北大学,2011.

34. 李纯真. 辽宁民办高等教育可持续发展研究[D]. 辽宁师范大学,2011.

35. 吴梦军,袁振权,刘欣. 转型时期山东欧诺个声民办高等教育可持续发展的对策[J]. 中国成人教育,2010(6).

36. 章丰慧. 广西民办高等教育可持续发展研究——基于关系北部湾经济开发区为背景[D]. 广西师范大学,2013.

37. 谢林见. 试论四川民办高等教育可持续发展的战略[J]. 才智,2016(8).

38. 丁力玮. 海南没民办高等教育可持续发展的政策制约与对策研究[J]. 中国培训,2017(2).

39. 张应强. 高等教育改革与我国民办高校的可持续发展[J]. 大学教育科学,2006(4).

40. 解艳华. 民办高等教育可持续发展的制度安排与激励效应探析——基于新制度经济学视角[J]. 高教探索,2008(2).

41. 刘忠明. 民办高等教育可持续发展的政府支持探讨[J]. 当代教育论坛,2010(11).

42. 邱小健. 民办高等教育可持续发展财政政策思考[J]. 中国高教研究,2010(11).

43. 刘林,王幡. 探析我国民办高等教育的可持续发展之路——基于社会资本理论的视角,[J]. 北京城市学院学报,2011(2).

44. 钮小萌. 基于ISM模型的民办高等教育可持续发展外部策略研究[J]. 中国成人教育,2014(18).

45. 陈文联. 我国民办高等教育发展过程中的非教育性倾向探析[J]. 中国高教研究,2017(5).

46. 陈文联. 我国民办高等教育发展中的非正式制度约束[J]. 黄河科技大学学报,2018(3).

47. 陈文联."道德人"还是"经济人":民办高校分来管理制度下举办者的人性困惑[J]. 浙江树人大学学报,2018(4).
48. 潘留仙. 民办高等教育发展的六大矛盾[J]. 黄河科技大学学报,2005(3).
49. 潘留仙. 民办高校内部治理中校长应有的角色[J]. 中国高教研究,2016(8).
50. 董岳州,刘舸. 湖南民办高校"以学养学"滚动发展模式研究[J]. 中国校外教育,2010(3).
51. 张玉珊,郭瑾. 湖南民办高等教育注入式发展模式研究[J]. 成功,2010(5).
52. 贾永堂,周光礼. 探索投资与办学良性互动的民办高校可持续发展之路——湖南涉外经济学院的发展模式[J]. 高等教育研究,2006(4).
53. 黎利云. 湖南民办高等教育发展之阮环境调查与分析[J]. 民办教育研究,2008(4).
54. 李琼. 民办高校教师队伍现状与发展策略研究——以湖南民办高校为例[D]. 湖南师范大学,2010.
55. 任迪辉. 湖南省民办高等教育可持续发展的障碍及对策研究[D]. 湖南大学,2011.
56. 宁琼. 论影响民办高等教育发展的因素——基于湖南的考察[J]. 世纪桥,2015(3).
57. 廖良初. 湖南民办教育现状分析与发展对策研究[J]. 云梦学刊,2003(5).
58. 李钊. 湖南民办高等教育发展战略研究[D]. 国防科学技术大学,2004.
59. 王斌. 湖南省民办高等教育发展对策研究[J]. 产业与科技论坛,2014(22).
60. 蒋佳宏. 民办高职院校师资管理研究——以湖南都市职业学院为例[D]. 湖南师范大学,2014.
61. 尚利霞. 中美民办高等教育比较研究——以湖南涉外经济学院和哈佛大学为比较对象[J]. 吉林广播电视大学学报,2018(8).
62. 方芳. 中国民办高等教育发展之考析[J]. 中国高等教育,2017(3).
63. 张学军. 湖南民办教育发展报告[J]. 当代教育论坛,2010(8).
64. 李洁:民办高等教育发展的深层矛盾与破解之道[J]. 继续教育研究,2014(4).
65. 周云. 民办高校的基本法律问题[J]. 学术探索,2012(8).
66. 祝里里,张春玲. 民办高校法人治理中若干法律问题的分析[J]. 现代教育科学,2014(1).

67. 何建军. 民办高校可持续发展的定位、特色与品牌建设探析[J]. 中国医学高等教育,2013(11).

68. 康正. 陕西民办高校:世袭还是"收编"[J]. 望东方周刊,2012(28).

69. 修朋月,于长福,李怡. 谈目前民办高校运行机制的缺陷与重构[J]. 教育探索,2014(12).

70. 纪宏. 各省本科专业评估实施方案内容分析[J]. 大学(研究版),2017.(12).

71. 奚丽萍. 教育同质化现象论[J]. 教育研究与实验,2009(5).

72. 陈文联. 民办本科高校发展的同质化. 表征、原因与对策[J]. 黄河科技学院学报,2017(5).

73. 唐大超,胡昌龙. 地方高校同质化发展问题及对策探析[J]. 湖北工业职业技术学院学报,2014(5).

74. 宋争辉. 高校专业设置同质化的消极影响及应对策略[J]. 中国高等教育,2011(24).

75. 吕敏. 国际学生流动中的"推动"与"拉动"因素[J]. 世界教育信息,2016(8).

76. 王广州. 中国高等教育年龄人口总量、结构及变动趋势[J]. 人口与经济,2017(6).

77. 李硕豪,耿乐乐,富阳丽. "全面二孩"政策下我国高等教育普及化进程[J]. 开放教育研究,2018(3).

78. 余中根. 2016 版《民办教育促进法》的意义、不足及完善建议[J]. 河南农业,2017(12)(下).

79. 王金瑶,来明敏. 美国私立高等教育发展的资金支撑体系及启示[J]. 高等工程教育研究,2003(4).

80. 张旺. 慈善捐赠与美国私立高等教育的形成与发展[J]. 比较教育研究,2005(5).

81. 顾美玲. 美国私立大学办学模式对促进中国民办高等教育发展的启示,[J]. 四川师范大学学报(社会科学版),2010(4).

82. 王诺斯,张德祥. 美国私立高等教育分类管理的经验与启示[J]. 教育科学,2016(2).

83. 袁征. 美国营利和非营利学校的分界[J]. 教育发展研究,2010(10).

84. 张俊,周洁,胡跃梅. 日本私立高等教育的经费政策及启示[J]. 科技广场,2009(2).

85. 樊继轩. 日本私立高等教育内涵式发展战略及启示[J]. 中国成人教育研

究,2018(4).

86. 陈文联. 日本私立高等教育公益性的维护及对我国的启示[J]. 浙江树人大学学报,2015(3).

87. 张继明,张丽丽. 近代以来印度私立高等教育发展历程及启示[J]. 贵州师范大学学报(社会科学版),2018(1).

88. 魏李飞,尹向毅. 印度私立高等教育的特征、矛盾与发展路径[J]. 浙江树人大学学报,2016(5).

89. 楚文静. 产教融合视域下陕西民办高校转型发展路径探析——以西安培华学院为例[J]. 陕西教育,2017(8).

90. 毕会东. 广东省公共财政支持民办高等教育的对策研究[J]. 浙江树人大学学报,2016(4).

91. 杜世雄,惠向红. 民办高校公共财政扶持政策的实施现状与改进对策——基于广东、陕西和上海三省(市)的考察[J]. 浙江树人大学学报,2018(1).

92. 辜芝兰. 试析日本私立高等教育的特色化办学[J]. 江西理工大学学报,2011(2).

93. 西安交通大学中国西部发展研究中心陕西民办高等教育发展战略研究课题组. 在个性特色中谋发展在改革创新中再提高——新时期陕西民办高等教育可持续发展战略研究[J]. 西安欧亚学院学报,2011(2).

94. 徐绪卿. 民办高校的特色和未来展望——以浙江树人大学为例[J]. 浙江树人大学学报,2014(5).

95. 周正钟. 民办本科高校特色办学的探讨——以广东培正学院外语特色办学为例[J]. 辽宁行政学院学报,2009(10).

96. 曾小军. 略伦教育经营—兼评民办教育集团化经营模式[J]. 教育探索,2004(10).

97. 李桂荣. 现代大学制度视域下民办高校自主办学路径探析[J]. 长春工业大学学报(高教研究版),2015(1).

98. 潘懋元. 我国民办高等教育发展的第三条道路[J]. 高等教育研究,2012(4).

99. 查明辉. 民办高等教育发展模式转型必要性研究——基于市场化到社会企业化探索[J]. 民办教育研究,2013(6).

100. 陈懿婷. 民办高校服务地方区域教育发展的高等教育改革探索[J]. 陕西教育,2018(3).

101. 邹小勤. 人口变动对高等教育的影响[J]. 江苏高教,2010(1).

102. 苏昌贵. 湖南未来人口预测与发展趋势分析[J]. 经济地理,2014(7).

103. 杜福磊. 民办高等教育提升办学质量与打造办学特色的理性思考[J]. 河南教育学院学报(哲学社会科学版),2017(1).

104. 于生宗,梁大伟. 马卡连柯的环境育人思想对高校思想政治工作的启示,[J]. 教育与职业,2014(21).

105. 王大中. 创建"绿色大学"示范工程,为我国环境保护事业和实施可持续发展战略做出更大贡献[J]. 环境教育,1998(3).

106. 黄昕,姚婕,孙敬睿,谭杰. 论高校构建和谐课堂的意义和方法[J]. 当代教育论坛,2011(7).

107. 吴绵超,许蔚萍,李沛武. 实施"开放发展"战略,提升高等教育育人质量[J]. 文教资料,2012(18).

108. 李广凯. 构建民办高校多元化融资模式设想与建议[J]. 高校财务,2017(22).

109 杨冬华. 民办高校的投融资现状与改革取向[J]. 黑龙江科学,2018(17).

110 李爱娥. 基于可持续发展视角的民办高校融资模式创新和探索[J]. 现代商贸工业,2017(19).

111. 党剑. 新时代高等教育国际化发展路径初探[J]. 中国成人教,2018(15).

112. 尚俊杰,曹培杰. "互联网+"与高等教育变革——我国高等教育信息化发展战略初探[J]. 北京大学教育评论,2017(1).

113. 袁祖社. "共享发展"的理念、实践与人类命运共同体的价值建构[J]. 南京社会科学,2017(12).

114. 张成恩. 共享经济视域下的高等教育发展研究[J]. 中州学刊,2017(6).

115. 于洪良,孔爽. 大学联盟发展:构建高等教育优质资源的共享体系[J]. 理论学习,2012(8).

致　谢

这部由湖南省社科基金项目“新时期湖南民办高等教育可持续发展研究”成果形成的书稿，历经两度寒暑易节终于杀青。书稿完成之际，不免慨叹：天下事有难易乎？为之，则难者为易也；不为，则易者为难矣。回首著书过程，在冰窟模式下笔耕不辍，在烧烤模式下爬梳不断，不禁想起王国维老先生的“三境界”之言：“昨夜西风凋碧树，独上高楼，望尽天涯路。”“为伊消得人憔悴，衣带渐宽终不悔。”“梦里寻它千百度，蓦然回首，那人却在灯火阑珊处。”

孔子：“大学之道，在明明德，在亲民，在止于至善。”教育兴则国家兴，教育强则国家强。民办高等教育作为中国高等教育的重要组成部分，对增强国家教育能力，增加服务产品，扩大教育资源，促进教育公平都具有不可替代的作用，对落实人才强国战略、建设社会主义和谐社会做出过重要贡献。在新时代，民办高等教育的可持续发展将给全面建成小康社会，进而建成富强民主文明和谐美丽的社会主义现代化强国、实现中华民族伟大复兴的中国梦提供智力支持。习近平总书记在十九大报告中提出：“支持和规范社会力量办学”，实现民办高等教育的可持续发展是湖南民办高等教育必须直面的现实问题，对于实现教育强省、建设美丽湖南都具有重大理论和现实意义。

在民办高校从事教育事业 7 年来，深感民办高等教育可持续发展之重要，为湖南民办高等教育的可持续发展提供资鉴是民办高等教育从业者的职责所在。因此，从献身民办高等教育事业的第一天起就一直关注湖南民办高等教育事业的发展。有幸的是，本人主持的“新时期湖南民办高等教育可持续发展研究”成功立项湖南省社科基金，这是湖南学术界对民办高等教育事业的关怀，也是湖南省社科基金评选委员会给我最大的鼓励和支持。各方的鼓励、支持和帮助，不容我不努力而为之。虽困难重重，仍抱“咬定青山不放松”之决心，日夜兼程，日积月累。

纵观世界，私立高等教育蓬勃发展，成果辉煌，哈佛、剑桥声名鹊起，普林斯顿、斯坦福引誉全球。国外私立高等教育为各国经济社会发展做出了重要贡献，也逐渐成为各国学子追捧的对象。环顾国内，陕西成为民办高等教育的高地，广东成为民办教育的领头羊，都为各省的高等教育事业添砖加瓦，为本省经济社会发展锦上添花。国内外私立高等教育和民办高等教育事业的勃兴为湖南民办高等教育可持续发展提供了借鉴。新的时代，湖南民办高等教育如何贯彻创新、开放、绿色、协调、共享发展理念,实现民办高等教育可持续发展,是新时期湖南学术界必须解决的重要课题。能为湖南民办高等教育可持续发展提供些许资鉴,也尽了本人的绵薄之力。

成书之际,再次感谢傅如良教授的鼓励和指导,感谢陈文联教授的关心和支持,感谢湖南涉外经济学院刘洪波教授、湖南应用技术学院唐振民副教授、湖南信息学院董良副教授的帮助,感谢项目组成员的辛勤付出和配合,感谢家人的呵护和关爱。

由于本书涉及范围较广,在撰写的过程中参阅了大量学术成果,我们已经尽力在页下参考文献中列出。由于时间仓促,难免挂一漏万,希望得到学术界的批评指正。由于水平所限,不足和缺陷定然不少,期待学术界同仁对拙著提出宝贵的意见和建议。

宁　琼

2019 年国庆节于水木兰庭